북한의 도시를
미리 가봅니다

북한의 도시를
미리 가봅니다

초판 1쇄 펴낸 날 | 2019년 10월 18일

지은이 | 박원호
펴낸이 | 홍정우
펴낸곳 | 도서출판 가람기획

책임편집 | 이슬기
편집진행 | 양은지
디자인 | 이유정
마케팅 | 이수정

주소 | (04035) 서울특별시 마포구 양화로7안길 31(서교동, 1층)
전화 | (02)3275-2915~7
팩스 | (02)3275-2918
이메일 | garam815@chol.com

등록 | 2007년 3월 17일(제17-241호)

© 도서출판 가람기획, 박원호, 2019
ISBN 978-89-8435-522-4 (03300)

이 도서는 한국출판문화산업진흥원의 '2019년 출판콘텐츠 창작 지원 사업'의 일환으로
국민체육진흥기금을 지원받아 제작되었습니다.

이 도서의 국립중앙도서관 출판예정도서목록(CIP)은 서지정보유통지원시스템 홈페이지
(http://seoji.nl.go.kr)와 국가자료종합목록 구축시스템(http://kolis-net.nl.go.kr)에서 이용
하실 수 있습니다. (CIP제어번호 : CIP2019039045)

평양에서
혜산까지,
책으로 떠나는
북한여행

북한의 도시를
미리 가봅니다

기술사 박원호 지음

가람
기획

차례

왜 북녘 도시들에 주목해야 하는가?

'냇물아 흘러흘러 어디로 가니 / 강물 따라 가고 싶어 강으로 간다 // 강물아 흘러흘러 어디로 가니 / 넓은 세상 보고 싶어 바다로 간다'

누구에게나 익숙한 동요, '시냇물' 가사이다. 남북 관계를 떠올릴 때마다 저자는 이 동요가 떠오른다. 지극히 아이 같은 감상이라 해도 좋다. 이 동요만큼 내 감정을 잘 대변해 주는 게 없는데 어떡하겠는가? 그렇다면 이 동요가 남북관계와 무슨 상관일까? 그것부터 소개하고 넘어가고 싶다.

세상일은 길게 보면, 대세라는 게 있다. 시냇물이 흘러가면 마침내 종착지인 한 바다에 이른다. 이른바 대세는 최종 목적지를 향하는 기세다. 달리 말하면 큰 줄기 길이다. 하지만 시냇물은 한 바다로 곧장 가지는 않고 굽이굽이 돌고 돌아서 마침내 바다에 이른다. 시냇물의 여정처럼 남북관계 역시 대세는 7천만 겨레의 숙원, 통일이다. 하지만 남북관계 역시 시냇물의 여정처럼 도중에 숱한 난관들을 넘어왔다. 이제 남북관계의 대세도 종착역이 멀지 않은 느낌이다.

작년(2018) 4월 판문점에서 남북정상회담이 열릴 때만 해도 그랬다. 조만간 남북경협이 재개되고, 끊어진 철길도 이내 이어질 듯했다. 그런데 어느새 한 해가 훌쩍 지난 지금은 어떤가? 이유야 어떻든 간에 남북 사이는 토라진 연인처럼 냉랭하기 짝이 없다. 그렇다고 오는 봄이 오지 않고 되돌아가는 법은 없다. 지금의 이 냉랭한 분위기를 꽃샘추위쯤으로 보고 싶다.

성급한 낙관론이라고 해도 좋다. 이 꽃샘추위는 오래가지 않을 거라 믿고 싶다. 경색된 남북 관계가 풀릴 경우를 대비하여 우리는 어떤 준비를 해야 할까? 당장 물리적 통일은 불가능할지라도 소통은 금세 재개될 것이다. 그때를 대비하는 데 우선순위가 무엇일까? 사람마다 조직마다 이해관계에 따라 우선순위도 다르겠지만, 그래도 공통분모가 있을 것 같다. 저자 나름의 결론에 이른 것이 이 책, '북한의 도시를 미리 가봅니다'이다.

이 책은 건설엔지니어 입장에서 썼다. 정치적 입장은 최대한 배제하고, 가치중립적인 건설엔지니어 입장을 견지하려고 애를 썼다. 또한 엔지니어링(engineering)에는 국경이 없을지라도 엔지니어에겐 국적이 있다. 예순 중반에 이른 건설 엔지니어로서 통일 대도를 닦는 데 일조를 하고 싶은 소망도 있었다. 모천회귀(母川回歸), 대양을 누빈 연어가

마침내 고향 강물로 돌아오듯이, 낙엽귀근(落葉歸根), 단풍잎이 떨어져 뿌리로 돌아가듯이 말이다. 비유하자면, 이 책은 우리가 한동안 외면하고 살아왔던 우리 자신들의 뿌리를 되찾는 길이고, 동시에 그 뿌리에 한 줌 거름을 뿌려주는 일이라 믿고 싶다.

그동안 나는 건설 기행 성격의 책을 여러 권 낸 바 있다. 예컨대, '초고층빌딩, 홀로 도시를 꿈꾸다', '건설 엔지니어의 도전', '인프라의 걸작들' '건설명품 100선(공저)', '실크로드 차이나에서 일주일을', '낯설어도 훈훈한 페르시아 실크로드를 가다' 등이다.

또한 시집으로는 '그래도 도시예찬', '연장벼리기', '하늘나무' '찔레꽃 편지' 등이다. 전문 서적이든 시집이든 저자가 쓴 책들의 공통적인 주제가 있다. 바로 자연보다 인공(人工)이다. 그렇다고 자연을 싫어한다는 건 아니다. 자연 예찬은 대체로 많은 분들이 하고 있으니 나는 상대적으로 홀대 받고 있는 인공, 인간이 땀 흘려 이룩한 것들을 예찬하겠다는 뜻이다.

이 책의 구상은 오래 전부터 해왔다. 굳이 시기를 얘기하자면, 십여 년 전, 2007년 금강산 관광과 2008년 개성관광을 다녀온 때부터였다. 그때 이후 또 다시 자극을 받은 계기도 있다. 2015년 두만강 하구 3국 국경지역인 지린성(吉林省) 훈춘에서 열린 '남북물류포럼 세미나'에 참석했고, 그 당시 유라시아 대륙과의 '끊어진 구간(missing Link)' 북한의 도시들과 인프라에 대해 그 중요성을 새삼 깨달았다.

그동안 간간이 받은 자극에도 불구하고 늘 구상만 해오다가 결정적 계기가 찾아왔다. 작년 5월 판문점 남북정상회담이 그것이다. 당시에는 남북경협이 조만간 재개될 거란 기대도 있었다. 한편으론 남북경협이 재개되면 분명 건설프로젝트도 쏟아질 텐데 사전 정보도, 학습(?)도 전혀 준비가 없다는 황망함이었다. 이 책은 그런 자각으로부터 출발했다. 그때부터 '차근차근 서두르기'로 했다. 매달 북한의 도시 하나씩을 입체적으로 공부하는 일. 또한 그 결과물을 '국토와 교통' 저널에 '북한도시열전'이란 제목으로 연재하기. 그리하여 2018년 7월부터 2019년 5월까지 지난 11개월 동안 연재를 했다.

평양에서 혜산까지 10개 도시를 다루면서 보다 입체적으로, 균형적으로, 가치중립적으로 쓰기 위해 갖은 애를 쏟아 부었다. 말하자면 저자가 도공(陶工)이라면 이들 연재 원고가 초벌구이고, 이번에 출간한 책이 완제품이라 할 수 있다.

책의 내용은 북한 도시 10개를 소개하는 것이다. 어떤 도시들을 선정하느냐는 순전히 저자의 주관으로 정했다. 평양에서부터 혜산까지 남북경협 차원에서, 건설엔지니어로서 인프라 개발 측면에서 다루었다. 그렇다면 '왜 북한 도시들에 주목 하는가'에 대해 답할 차례이다.

첫째, 도시는 성장 거점이다.

도시는 정치, 사회, 경제의 중심이다. 남북경협을 재개해도 결국 도시 중심이다. 그곳에 인적 물적 자원이 집적되어 있기 때문이다. 다시 말해 도시가 남북경협의 베이스캠프 노릇을 하기 때문이다. '모든 길은 로마로 통한다!'는 말처럼 북한에서 평양은 정치·사회·경제·인프라의 중심이다. 평양과 개성은 북한 도시들 중에서 가장 대외적으로 많이 소개된 도시이다. 하지만 '빛이 강하면 어둠이 깊다'는 말처럼 이들 두 도시는 보여주고 싶은 부분만 알려진 측면이 없잖아 있다. 예컨대, 평양은 6·25전쟁 동안 초토화로 변한 뒤, 전쟁 이후 철저한 계획도시로 거듭난다. 선뜻 믿기 어렵겠지만 '평양은 사회주의권 국가 수도 중 가장 아름다운 도시'로 손꼽힌다. 하지만 김정은 정권 이후, 급속도로 '욕망의 도시'로 변질(?) 중이라는 평가도 있다. 이 책에서는 평양의 도시기반시설의 한계와 성장잠재력에 관해 주목하고 있다.

성장잠재력을 파악하려면 먼저 도시기반시설을 제대로 알아야 한다. 무엇이 강점이고 약점인지, 무엇이 넉넉하고 부족한지를 제대로 파악해야 개발 투자의 우선순위를 알 수 있기 때문이다. 단순히 남북한만의 인프라 연계만이 아니다. 일례로 청진은 일제강점기 일제가 개척한 만주국으로 가는 관문으로 개발된 도시이다. 만약 북한이 개방될 경우, 일본에서부터 청진을 통하고, 만주를 경유하여 시베리아 철도까지 노선이 복원될 수 있다는 사실이다.

둘째, 내륙도시보다 해안도시, 소위 꼭짓점 도시들부터 알아야 한다.

남북경협이 재개된다면 우선 육로보다 바닷길이 먼저 뚫려야 한다. 해안 도시들이 개발된 뒤에 이를 바탕으로 내륙으로 진출을 할 수 있기 때문이다. 예컨대, 해주의 경우, 남북경협 사업의 우선순위로 개성보다 훨씬 더 가능성이 높았던 도시이다. 만약 남북경협이 재개된다면 제2의 개성공단으로 해주를 꼽는 이유이기도 하다.

한편으로 북한 도시들은 대외적으로 평양과 개성이 주로 알려져 있다. 나머지 도시들은 상대적으로 외면받고 있다고 해도 과언이 아니었다. 그러던 것이 '경제특구 지정'과 함께 일대 전환이 되었다. 대외 개방 시에 외국 자본의 투자를 유인하기 쉬운 도시들, 소위 '꼭짓점 도시'들인 국경에 인접한 도시들이다.

셋째, 도시는 역사와 인물의 타임캡슐이다.

통일은 길과 길을 잇는 것만이 아니다. 그 전에 남북의 사람들끼리 정서적 공감대를 회복하는 게 급선무이다. 정서적 공감을 위해서는 뭐니 뭐니 해도 분단 이전의 역사와 옛 사람들의 체취가 담긴 유적과 그 유적을 노래한 시편(詩篇)들이 아주 효과적이다.

본문에도 고명처럼 간간이 뿌려진 게 있다. 아쉬웠던 부분을 보완하는 차원에서 해당 도시 관련 한시(漢詩) 또는 에세이를 끼워 넣었다. 자칫 무채색으로 비칠 수도 있는 도시에 옛사람의 인정으로 색깔을 입했다고 할 수 있겠다.

또한 마지막에는 부록 성격으로 북한 전공 안드레이 란코프 교수 (국민대)와 대담을 실었다. 물론 사전에 란코프 교수의 서면 동의를 받았다.

이 책의 원고를 국토와 교통 저널에 연재하는 동안 가장 많이 받은 질문이 있다.

'북한도시열전 재미있게 읽고 있습니다. 근데 그곳에 다 가보셨어요?'

'아뇨, 저는 북한 땅은 금강산과 개성, 두 지역밖에 가보지 않았습니다. 제 주특기는 가보지 않은 곳도 가본 것처럼 쓰는 거랍니다'

농담반 진담반으로 대답을 했지만 사실이 그렇다.

장담하건대, 건설엔지니어 입장에서 저자만큼 북한 도시 관련 자료를 섭렵한 사람은 드물 거라 확신한다. 저자는 지난 1년 동안 북한 도시 관련 참고서적들, 탈북민 수기, 학술논문, 외국기자들의 탐방 기사, 구글어스 영상, 유튜브 영상 등을 집중적으로 보았다.

그럼에도 불구하고 이 책은 이들 도시를 가보지 않은 채 쓴 글이다. 따라서 태생적 한계가 있다. 인정한다. 그래서 저자는 북한 관광이 개방되면 곧장 북한 도시들을 차례로 방문하고 싶다. 물론 이 책을 가이드북 삼아 들고서 말이다. 그리하여 이 책에 허술한 부분, 또는 잘못된 사항들을 바로 잡을 생각이다. 그 날이 하루 빨리 오기를 고대하며 독자제현의 질정을 기대하는 바이다.

끝으로 시냇물 동요를 이렇게 바꿔 부르고 싶다.

대동강아 흘러흘러 어디로 가니 / 한강물 만나고 싶어 서해로 간다 / 성천강아 흘러흘러 어디로 가나 / 태평양 만나고 싶어 동해로 간다

1편.
평양

평양의 랜드마크 '류경호텔'
언제쯤 개장할까?

◆ 평양과 류경호텔

　남북 사이에 훈풍이 불고 있다. 2018년 4월 27일과 5월 26일, 두 차례 남북정상회담의 영향이다. 2018년 6월 12일, 북미정상회담도 싱가포르에서 열렸다. 2018년 초만 해도 상상도 못 했던 사건이다. 물리적 통일이야 한참 멀었겠지만, 남북 간 교류는 급물살을 탈 것 같다. 다만 북핵 문제로 인한 유엔제재가 계속 유효하기에 아직은 모든 면에 한계가 있다.

외교든 비즈니스든 간에 교류는 십중팔구 평양에서 이뤄진다. 그렇다면 평양을 알아야만 한다. 평양에 대해 가장 궁금한 점이 있다. 바로 류경호텔이 언제 개장할지이다. 그동안 말도 많고 탈도 많았던 류경호텔의 안부가 가장 궁금하다. 류경호텔은 1987년 착공한 이래, 건설과 중단을 반복하며 숱한 유언비어들을 쏟아냈던 건물이다. 벌써 31년이 지났는데도 준공 소식은 아직도 들리지 않는다. 현재, 준공되지는 않았지만, 이 호텔은 이미 평양의 랜드마크가 되었다. 머지않아 이 호텔은 북한을 대표하는 글로벌 비즈니스 무대가 될 것이다. 그때가 언제일지는 모르지만, 류경호텔의 건설 과정을 살펴보는 일은 시의적절한 이슈라 생각된다. 이를 통해 북한 건설기술의 현주소와 수도 평양의 미래를 전망해 볼 수 있기 때문이다.

　　본론으로 들어가기 전에 평양에 대해 살펴보기로 한다.

　　"아니, 한 번도 가본 적이 없는 평양에 대해 어떻게 소개를 합니까?"라고 의아해하는 분들도 있을 줄 안다. 하지만 답은 "네! 북한 땅에 가본 곳이라곤 금강산과 개성뿐입니다. 평양은 아직 안 가봤지만 건설엔지니어 관점에서 소개하는 일은 충분히 가능합니다!"라는 것이다. 이유인즉, 인터넷 검색으로도 웬만한 자료들은 다 구할 수 있다. 한글 자료들은 부족할지라도 믿을 만한 영어 자료들은 널려 있다. 또한 구글어스를 통해서도 평양의 구석구석을 손바닥 들여다보듯 할 수 있기 때문이다. 나는 이 자료들 중에서 옥석을 가려내어 평양의 현주소를 그

려내 볼 참이다. 가능한 한 객관적 사실에 따라 기술하고 정치적인 편견은 배제할 작정이다.

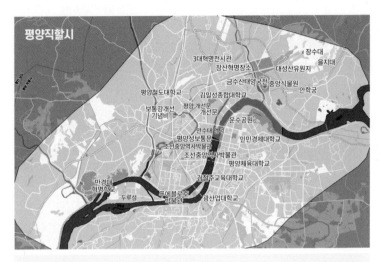

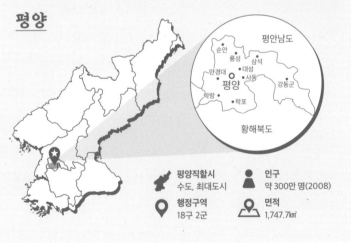

해발 27m	연강수량 939.8mm	평양지하철 1973(서울 1974)	시목 버드나무

> **유적지** 안학궁터, 단군릉, 동명왕릉, 을밀대, 평양성, 대동문
> **대학** 김일성종합대학, 김책공업대학, 김형직사범대학, 국제관계대학 등
> **체육시설** 릉라도 5월1일 경기장, 김일성경기장, 평양체육관, 류경정주영체육관, 평양보림장
> **호텔** 류경호텔, 보통강호텔, 창광산호텔, 서평양호텔, 고려호텔 등

◆ 평양의 전후복구사업

"사회주의 국가의 수도 중에서 평양이 가장 아름답다"는 말이 있다. 처음 들었을 때는 의아했다. 북한의 선전선동전술이 나은 홍보 문구인가 하고 말이다. 선뜻 이해가 안 되었지만 숱한 자료를 섭렵할수록 고개가 끄덕여졌다. 그 배경에는 6·25전쟁 이후 초토화되었던 평양이 새롭게 태어날 때 도시 설계부터 단계적 개발에 이르기까지 계획적으로 시행되었다는 말이다. 이를 증명해주는 글을 아래에 인용한다.

평양시의 본격적인 개발은 6·25전쟁으로 초토화된 시가지의 '전후복구사업' 운동으로부터 출발한다. 1950년대 후반에는 소련식 고층 살림집(6층 아파트)을 많이 건설, 주민들의 주택난 해소에 박차를 가했고, 아울러 상습 침수지대인 보통강지역 제방 배수공사의 대역사를 마무리했다. 1960년대에는 대동강 서안(西岸)의 기존 도심지를 재개발하고 공공시설 확충에 역점을 두었다.

1970년대에는 소위 '혁명의 수도 건설'이라는 캐치프레이즈를 내

걸고 평양을 시범·선전도시로 만드는 데 주력하여 시가지 정비, 고층 대형 건조물, 김일성 우상화 시설 등을 짓기 시작했다. 더 나아가 1980년대에는 이른바 '국제도시화 작업-세계 유일의 공원도시 조성'을 내세워 각종 대단위 건설사업, 시가지 확장, 불량주택지구 정비, 조경사업, 최신 체육시설, 고층아파트(10층 이상), 대규모 관광호텔(평양고려호텔, 량강호텔, 서산호텔, 류경호텔 등)을 대대적으로 건설하였다. 특히 북한은 제13차 세계청년학생축전 행사 개최를 계기로 평양시를 대외적으로 선전하기 위해 도시미화사업(재개발 및 환경 정비)에 집중 투자하였다. 광복거리, 안공체육촌, 류경호텔(105층, 3,000실), 릉라도 경기장(5·1경기장, 15만 명 수용), 고층아파트 건설 등이 여기에 해당하는데 특히 만경대 구역 광복거리와 청춘거리에 역점을 두었다. 평양시 서쪽에 위치한 광복거리는 건축면적 400만m^2, 건설용지 1,800만m^2를 지정, 도로를 100m 폭으로 확장하고 그 주변에 호텔, 체육시설, 고층아파트, 학생소년궁전, 국제문화회관 등을 지어 놓았다. (-『분단50년 북한을 가다 1 : 평양』, 한국문원, 1995)

◆ 평양의 입지조건

평양에는 대동강과 보통강이 흐른다. 강 좌측에 형성된 중심부를 본평양, 서쪽을 서평양, 그리고 강 건너 동쪽의 시가지를 동평양으로 나눈다. 낮은 구릉과 산으로 둘러싸여 있으며, 평야가 많아 농업이 발달했다. 중심지에 위치한 산은 모란봉(95m)이고 그 동쪽 주변에 대성산(270m)이 있으며, 그 북쪽은 청운산(373m)과 용골산(400m)이 있다. 모란봉 동쪽의 비교적 높은 산지가 시작하는 초입에는 제령산(498m)이 서 있다. 평양은 여름철에는 홍수가 잦았다. 홍수로 인해 농업피해가 막심했기에 김일성이 직접 지시하여 보통강의 관개공사를 실시하고 홍수 피해를 줄여 농업이 발달하게 되었다고 한다. 북한에서는 이를 선전하기 위해 보통강 구역에 기념탑이 서 있고 보통강 유원지도 조성하여 시민들이 휴식을 즐기는 명소가 되었다.

1945년 분단 이후, 소비에트연방의 영향을 받은 공공건물들이 많이 들어섰다. 1967년부터는 인구 증가로 인해 신도시 건설을 추진, 다양한 건축물들이 세워졌다. 그 연장선에서 2010년대 평양의 최신 아파트단지인 창전거리의 완공을 들 수 있다.

2012년 6월 평양 창전거리가 완공됐을 때도 김정은은 파격적인 행보를 보여주었다. 최신 아파트 단지인 창전거리는 '북한판 뉴타운', '평양의 강남'이라고 할 수 있다. 김정은은 부인 리설주와 함께 아파트에 새로 입주한 가정들을 방문했다. 나이 든 분들에게 직접 소주까지 따라주며 인민의 지도자라는 이미지를 가꿔 나갔다.

평양의 고층아파트 단지는 다음 기회에 다루기로 한다. 이들 고층아파트 건설 이전에 평양의 스카이라인을 바꾼 기념비적(?)인 사건이 있다. 바로 초고층건물 류경호텔의 건축이다.

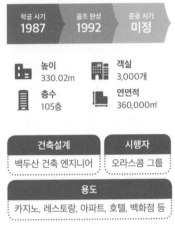

착공 시기	골조 완성	준공 시기
1987	1992	미정

- **높이** 330.02m
- **객실** 3,000개
- **층수** 105층
- **연면적** 360,000㎡

건축설계	시행자
백두산 건축 엔지니어	오라스콤 그룹

용도
카지노, 레스토랑, 아파트, 호텔, 백화점 등

◆ 류경호텔 건설 과정

류경호텔은 105층으로 미완성 건물이다. 외관은 피라미드를 닮았지만, 평면도를 보면 삼발이 형식이다. 중심에서 120도 간격으로 3개의 팔이 나와 있고, 위로 올라갈수록 비스듬히 줄어들어 꼭대기로 모인다. 건물은 호텔, 백화점, 오피스 공간 등으로 다목적 복합 건물이다. '류경(柳京)'이라는 이름은 평양의 별칭이다. 대동강 강변에 버드나무가 많아 이렇게 불렀다고 한다. 이 호텔뿐만 아니라 평양에는 '류경'이란 이름이 붙은 건물들이 많다. 그만큼 평양 사람들이 좋아하는 이름이라고 한다.

류경호텔은 1987년 착공한 이후 1992년에 골조가 완성된 뒤에 건설 중단되었다. 1991년 러시아연방의 붕괴와 함께 심각한 경제 위기가 닥쳤기 때문이다. 1992년 골조는 완성했지만 창문 공사나 내부 수장공사도 없이 방치되었다가 2008년 공사가 재개되었다. 2011년 외장(외부마감) 공사가 완성되었고, 당시 계획으로는 2012년 김일성 탄생 100주년 기념으로 준공 예정이었다. 하지만 이는 실패했고 2013년 부분 개장을 하겠다고 선포했지만 역시 실패했다. 류경호텔은 현재 미완공 상태이고, 미완공 분야 세계 최고층 빌딩이라는 불명예 타이틀을 보유하고 있다.

◆ 건축 구조

류경호텔의 높이는 330m이다. 평양에서 가장 높고 북한에서도 가장 높은 건물이다. 애초 류경호텔은 1989년 6월 평양에서 개최된 세계학생청년축전을 기념하여 개막식 전에 준공을 목표로 착공되었다. 예정대로 준공되었다면 1989년 기준, 세계 최고층 호텔의 영예를 누렸을 것이다. 류경호텔은 3개의 날개를 가졌다. 날개 하나의 길이가 100m, 너비가 18m, 경사각이 70도를 이루고 있다. 3개의 날개는 75도로 상승한 다음, 꼭대기로 수렴된다. 꼭대기 바로 아래층은 원통형으로 8개 층이고, 이 원통형 구조는 원반 디스크처럼 회전한다. 원통형 구조 위에는 꼭대기 층으로 6개 층이 있다.

◆ 건설 과정

20세기 냉전시대에는 거대 호텔들이 종종 등장했다. 일례로 1986년 준공된 싱가포르 웨스틴 스탬포드 호텔이 주목을 받았다. 이 호텔은 한국의 쌍용건설에 의해 준공되었는데 당시로선 세계 최고의 호텔이었다. 북한은 이 호텔에 자극받아 평양에도 서양 자본을 유치하여 호화 호텔을 짓고자 했다. 또 한 가지 그럴듯한 건설 배경도 있다. 북한 당국은 1985년 준공된 서울의 63빌딩(높이 250m)에 자극받은 나머지 63빌딩을 납작하게 눌러줄 프로젝트로 류경호텔을 내세웠다고 했다.

이리하여 류경호텔 건설이 야심 차게 진행되었다. 북한 정부는 류경호텔의 신축공사 사업비로 외자 2.3억 달러(한화 2,300억 원)를 유치하고 건물 내에는 카지노장, 나이트클럽, 일본인 라운지 등이 입주하도록 파격적인 계획을 승인했다. 건설회사는 북한의 백두산건설이 맡았다. 이리하여 1987년 건설공사를 개시했다. 호텔은 1989년 세계청년학생축전의 개막 직전에 개장할 예정이었다. 하지만 시공 방법의 문제, 건축자재 조달의 지체로 인해 준공이 미뤄졌다. 만약 예정대로 준공되었더라면 싱가포르 웨스틴 스탬포드호텔의 기록을 경신할 수 있었다고 한다.

◆ 건설 중단

1992년 꼭대기까지 골조공사가 완료되었다. 그러나 돌연 후속 공사가 중단되었다. 러시아연방의 붕괴로 인해 최악의 경제난이 닥쳤기 때문이다. 일본 언론 보도에 의하면, 그동안 추정 공사비는 7,500억 달러(한화 7,500억 원)로 애초 예산을 2.5배 정도 초과했다고 한다. 또한 이는 북한 GDP의 2%에 달하는 금액이라고 한다.

이 건물은 1992년 중단 이후 10년 넘게 방치 상태로 있었다. 이를 두고 영국 BBC는 '전체주의 국가의 좌절된 야망의 본보기(the reminder of Totalitarian state's thwarted ambition)'라고 보도하기도 했다. 1990년대 후반 한국 주재 유럽상공회의소 소속의 Marcus Noland 씨가 현지를 방문 조사한 결과를 발표했는데 그 내용이 충격적이었다. "이 건물은 수리가 불가능하다. 콘크리트의 강도가 부실할 뿐만 아니라 엘리베이터 샤프트도 기울어진 상태이다" 달리 말하면, 건물이 한쪽으로 기울어진 상태, 즉 부등침하(不等沈下)가 발생했다는 뜻이었다.

2006년 미국 ABC방송의 보도로는, "북한 당국은 류경호텔 같은 대형 프로젝트를 수행할 정도의 건축자재 및 에너지를 확보할 수 있는지 의문이다"라고 했다. 이 보도 이후 북한 당국은 평양을 홍보하는 자료에 류경호텔의 존재를 애써 감추려고 했다. 사진 원판에서도 흉물스러운 류경호텔을 지웠다고 한다. 건설 초기에 발행한 조선 우표에는 평양의 스카이라인에 완공된 류경호텔이 솟아있었다고 한다. 건설 중단 이후 세계언론들은 류경호텔의 미래를 두고 온갖 조롱 섞인 말들을 쏟아냈다. 유령 호텔, 세계 최악의 건물 등으로 말이다.

◆ 공사 재개

2008년 4월, 1992년 건설 중단 이후 16년이 흐른 이후 이집트 통신 회사 ORASCOM GROUP이 공사 재개에 나섰다. 건설 조건은 자신들이 400억 달러를 투입하여 류경호텔을 준공해 주는 대신, 북한 전역에 휴대전화(3G Mobile) 사업권을 받는 조건이었다. 이 계약이 성사되어 건설공사가 재개되었고, 당시 북한 당국은 류경호텔이 2012년에 준공된다고 공포하였다. 준공 시점은 '영원한 수령 김일성 탄생 100주년' 기념식에 맞춘 것이었다. 2009년 ORASCOM 건설책임자(C.O.O) Khaled Bichara 씨는 "호텔의 완공에는 별달리 심각한 문제들은 없다. 구조적인 문제도 충분히 해결할 수 있겠다. 빌딩 꼭대기 층에는 회전 레스토랑을 운영하는 일도 충분하다"고 말했다.

공사는 순조롭게 진행되는 듯했다. 2011년 7월, 건물 외장공사가 완료되었다. 외벽의 유리 패널 설치와 꼭대기 통신 안테나도 설치되었다. 2012년 9월, 북한 당국은 고려투어 팸플릿을 제작하면서 처음으로 류경호텔의 내부를 공개하기도 했다.

◆ 2013 준공 연기

2012년 11월 국제호텔 지배자로 결정된 Kempinski 씨가 발표했다. 류경호텔은 2013년 중반에 부분 개장할 예정이었지만 이는 연기되었다. 그 이면에는 북핵 문제로 인한 국제 제재, 심각한 경제난 등이 복합적으로 작용했다.

◆ 2016년 재단장 공사

2016년 후반 또다시 공사 재개 뉴스가 있었다. 이집트 회사 ORASCOM의 책임자가 북한을 방문했고, 2017년 또는 2018년 진입로 공사와 함께 공사를 재개할 예정이라고 했다. 2018년 4월 기준, 외관에 LED 조명이 가동되고 꼭대기에는 북한 인공기가 게양되었다. 그때 이후 현재까지 개장에 대한 소식은 들려오지 않는다. 모르긴 해도 남북정상회담, 북미정상회담의 영향으로 북한에 대한 경제 제재가 풀릴 경우, 개장 소식이 들려오리라 예상된다.

◆ 류경호텔, 평양의 랜드마크

류경호텔은 착공한 지 벌써 36년이 지났다. 준공을 아직 못했지만, 이미 평양의 랜드마크가 되었다. 인터넷 검색을 통해 류경호텔에 대해 살펴보았지만 역시 핵심 정보는 얻을 수 없었다. 이를테면 기초설계, 건축구조, 내진 설계, 방재계획, 코어부분 상세 등에 관해서는 정보를 얻을 수 없었다. 정보 공개가 여전히 통제되고 있다는 뜻이리라.

어쨌든 간에 류경호텔은 유엔에 의한 경제제재가 풀리면 즉시 개장되리라 예상된다. 만약 공식 개장된다면 운영은 순조로울까? 최고층 회전 레스토랑은 과연 제대로 작동할까? 최고층 객실에 수돗물은 제대로 나올까? 등등 시시콜콜한 의문에서부터 내진 성능, 방재계획 등 궁금한 게 한두 가지가 아니다. 바라건대, 류경호텔이 하루빨리 준공되기를 기대해 본다. 개인적으로 10년 이내에 평양을 방문하여 류경호텔에서 1박을 하고 제일 먼저 회전 레스토랑에 들러 느긋한 식사를 즐기며 평양 시내를 파노라마로 즐기고 싶다.

대동강 르네상스,
평양 경관은 어떻게 변했을까?

◆ 대동강과 평양

　평양에는 도심 한가운데로 대동강이 흐른다. 작지만 보통강도 흐른다. 대동강 하면 가장 먼저 떠오르는 게 뭘까? 50대 이상에게는 십중팔구 노래 '대동강 편지(가수 나훈아)'일 것 같다.

　　대동강아 내가 왔다 / 을밀대야 내가 왔다 / 우표 없는 편지 속에
　　/ 한 세월을 묻어놓고 / 지금은 낯 설은 / 나그네 되어 / 칠 백 리

고향길을 / 찾아왔다고 / 못 본 체 마라 (하략)

노래 가사는 다분히 감상적이다. 내용을 꼼꼼히 살펴보아도 대동강의 변화는 알 수가 없다. 만약 60대 이상에게 대동강에 대해 묻는다면 어떨까? 고려조 시인 정지상의 절창, '송인(送人)'을 떠올릴 것이다.

비 개인 강 언덕에 풀빛 푸른데 / 그대 떠나보내는 남포에서 슬픈 노래 부르네 / 대동강 강물은 그 언제 다할 건가 / 이별의 눈물, 해마다 푸른 물결 위에 더하는 것을

이처럼 대동강에 대한 우리의 상식은 화석처럼 굳어있었는지도 모른다.

평양을 대표하는 풍경으로 대동강 강변을 따라 짙푸른 숲이 있다. 고층아파트가 방벽처럼 도열해 있는 한강에 비해 한결 여유롭다. 사진(29쪽) 정면 상단에 흰 거미처럼 보이는 건물은 뭘까? 능라도에 소재한 '5.1 경기장'이다. 중앙 우측에는 주체탑이 높이 솟아있다. 붉은 횃불을 치켜들고 있고, 호응하듯 강물에는 2개의 분수가 하늘 높이 물을 뿜어 올리고 있다.

여기서 잠시 주체탑에 처음 오른 남한 사람의 인상을 인용해본다.

주체탑에 올라가는 엘리베이터가 있는 1층 통로로 들어갔다. 다른 곳은 입장료를 받지 않는데, 주체탑은 유료로 운영되고 있었다. 긴 통로를 지나고서 엘리베이터를 타고 꼭대기까지 올라갔다. 여기에서도 역시 안내원의 설명이 계속되었다. 꼭대기에 올라가니, 평양 시내가 한눈에 들어왔다. 멀리 삼각형 모양을 한 큰 건물이 있었는데, 동양에서 최고로 높은 류경호텔이라고 한다. 그런데 호텔을 짓다가 현재 몇 년째 공사가 중단된 상태라고 한다. 평양 시내를 보며 한 가지 신기한 점을 발견했다. 주체탑을 중심으로 좌우 대칭이 되게 건물이 건축되어 있었던 것이다. 똑같은 건물이 양쪽으로 배치되어 있어 무엇보다도 정리가 잘된 모습이다. (하략)

-정경훈, 『정경훈의 평양 출장』, 책과 나무, 2017. 82쪽

주체탑은 대동강 강변에 우뚝 솟아있다. 서울의 남산 타워는 남산 위에 우뚝 솟아 있지만, 주체탑은 대동강 강변 평지에 솟아 있다. 남산 타워는 상체가 듬직하지만, 주체탑 솟대처럼 날렵한 데다 꼭대기에 횃불 조각까지 있다. 마치 수도 평양을 호령하는 듯하다.

참고로 북한의 광역행정구역은 직할시, 특별시, 특별구, 도, 특급시로 나눠진다. 평양직할시는 주체탑을 중심으로 하여 18개 구역(남한의 구(區)), 2개 군으로 이루어져 있는 셈이다. 다시 개별 구역 내에는 남포특별시, 라선특별시 등으로 구분되는데, 그 체계는 남한과 흡사하

다. 다만 구(區) 대신에 '구역'으로 나누고, 구역은 다수의 '동(洞)'으로 구성된다.

21세기 이 시대, 대동강을 젖줄로 자란 평양은 어떤 모습일까? '평양의 랜드마크, 류경호텔' 편에서 소개했던 것처럼 평양의 스카이라인도 몰라보게 바뀐 게 사실이다. 한국전쟁 이후, 평양 재건 프로젝트 중에서 2가지를 든다면, (저자의 주관적인 기준으로) 먼저 일명 '대동강 르네상스'로 불리는 고층살림집(아파트) 공사를 들 수 있다.

다음으로 대동강 정비공사의 일환으로 1987년 준공된 서해갑문 공사를 들 수 있다. 이는 1967년 발생한 대동강 홍수 피해에 대한 후속대책이었다. 홍수 발생 당시 대동강이 범람하여 옥류관이 잠기고 집단체조 '아리랑'의 공연장인 능라도까지 침수된 적이 있었기 때문이다. 그럼 먼저 대동강 르네상스부터 살펴보기로 한다.

◆ 대동강 르네상스

"나는 벽돌의 로마를 대리석의 로마로 바꾸었다" 아우구스티누스 황제의 자랑이었다. 이처럼 건설공사만큼 업적 과시에 효과적인 것은 없다. 건설 과정에 대규모 고용 창출이 일어나고, 준공과 함께 지상에 결과물이 확연히 드러난다. 따라서 체제선전 효과도 대단하다.

대동강 르네상스는 2012년 북한 김정은 체제가 시작과 함께 대대적으로 개시했던 프로젝트였다. 급작스러운 김정일 사망(2011.12.17) 이후, 김정은이 권력을 승계하면서 대형 프로젝트들을 속속 착수했다. 주요 시설들을 소개하면 다음과 같다.

◆ 대동강 서쪽지역

만수대 언덕 위에 높이 23m짜리 김 부자 동상을 세웠고, 창전거리에 인민극장(8층), 고층 아파트(20~45층), 아동백화점 등을 건립했다. 또한, 대형호텔로 영광호텔과 대동강호텔도 건설했다. 여기서 2017년 4월 있었던 여명 거리 고층아파트 관련 기사를 살펴보자.

2017년 13일 새벽 북한을 방문한 200여 명의 외신 기자들은 이날 아침에 있을 대규모 행사에 대비하라는 북한 당국의 공지를 받았다. 휴대폰, 라이터, 노트북 등의 휴대가 금지되어 기자들을 로켓 발사장이나 평양시 외곽으로 데려갈 것이라는 예상이 나왔다. 과거에도 북한은 외신기자들에게 이와 비슷한 공지를 한 적이 있는데, 결국 대부분 별 것 아닌 일로 드러났다. 이날 기자들은 서울 강남구에 버금가게 새롭게 조성된 화려한 여명거리에 도착했다. 외신 기자들과 평양 시민들

그리고 김정은 북한 노동당 위원장이 참석한 가운데 여명거리의 완공을 알리는 공식 개장식이 열린 것이다.

북한은 4월 15일 김일성 탄생일(태양절) 105주년을 기념하기 위하여 몇 달간 평양에서 대대적인 건설 및 재건축 사업을 진행해 왔다. 여명거리는 가장 대표적인 사업이었다. 애초 북한은 2.5km에 걸쳐 70층짜리 아파트 1동을 비롯한 아파트 100동과 여러 공공건물이 들어서는 여명거리 건설을 2016년 말까지 완료할 계획이었다. 수천 명의 군인과 노동자들이 건설 현장에 투입됐으며, 2016년 5월에는 위성사진으로 현장 노동자들이 쓰는 임시 숙소도 확인할 수 있었다.

북한 국영 매체에 따르면 여명거리에는 아파트 3천여 가구와 초고층 아파트 건물이 들어섰다. 앞줄에 서 있는 관중들은 대부분 정장 차림의 남성들이었으나, 다채로운 한복(북한말: 조선옷)을 입은 여성들도 있었다. 풍선을 든 넥타이 부대가 퇴역 군인들을 뒤따라 들어왔다. 이후 김정은이 테이프 커팅을 하자 이들은 여명거리 하늘로 풍선을 날려 보냈다.

◆ 여명거리 고층살림집

여명거리 고층살림집 준공식은 평양 주재 외신기자들을 불러놓고 깜짝쇼처럼 거행됐다. 건설 과정에 대해서도 언론에서 여러 차례 소개된 바 있다. 흥미로운 점은 이들 고층아파트가 '만리마운동'을 통해 건설되었다는 점이다. 공사 중인 건물 벽에 걸린 붉은 현수막에는 '만리마 속도 창조'라는 표어가 선명하다. 또한 연합뉴스 동영상에 의하면, "(콘크리트 타설을 하여) 지금 상태에서는 24시간에 한 층씩 올리는데, 좀 다그치면 18시간이면 1개 층씩 뜰 수 있습니다"라는 현장 담당자의 인터뷰를 들을 수 있다.

초조강시멘트를 사용하고, 특수 양생을 동원하더라도 18시간 만에 콘크리트 강도가 제대로 발현할지 의심스럽지만 확인할 길은 없다. 어쨌든 간에 그런 열악한 상황을 극복하고서 53층짜리 대단지 아파트를 준공했다는 사실은 비공식 세계기록감이다.

◆ 대동강 동쪽 및 능라도와 양각도

북한은 경원(종합목욕시설), 야외 빙상장, 롤러스케이트장도 새로 건설했다. 아울러 대동강의 하중도(河中島)인 능라도와 양각도에도 다양한 위락시설이 조성되었다. 능라도(綾羅島)는 물결 위에 늘어선 능수버들이 물결 위에 비단을 풀어놓은 듯해서 그런 이름이 붙었단다. 이곳에는 돌고래쇼장, 야외 수영장, 놀이기구 등이 들어섰다. 뒤이어 천연 해수(海水) 수영장인 능라원과 수족관 등도 들어섰다.

또한, 양각도가 있다. 양각도(羊角島)는 섬이 양쪽으로 뾰족한 양뿔 모양이라서 붙여진 이름이다. 여기에도 체육촌 건설에 이어 골프장, 스포츠센터도 건립되었다. 기존의 양각도호텔도 카지노장 등을 포함한 내부 리모델링을 했다고 한다.

◆ 지하철 노선

평양의 지하철은 2018년 7월 기준으로, 3개 노선이 운행 중이다. 2012년 이후 시작된 대동강 르네상스 훨씬 이전이다. 하지만 평양의 기반시설을 이해하기 위해 간단히 짚고 넘어가기로 한다. 1973년 8월 15일, 평양의 지하철은 서울보다 1년 앞서 개통되었다. 2018년 3개 노선으로 1973년 천리마선, 1978년 혁신선, 1987년 만경대선이 개통되었고 17개 역에 노선망의 총연장은 34km이다.

건설공사에는 조선인민군 8총국이 동원되었다고 한다. 대동강 동쪽의 계획 노선까지 완성된다면 지하철에 의한 도시 전역의 접근성이 획기적으로 개선될 것이다.

사진은 평양 지하철 건설 당시의 작업 상황을 보여주고 있다. 오른쪽 상단에 김일성 주석이 지시를 하고 있다. 그 아래 굴착공사 현장을

보면, 변변한 건설 중장비 한 대가 보이지 않는다. 중앙에는 크레인 대신 삼발이 도르레가 중량물을 들어 옮기고, 콘크리트도 즉석에서 현장 비비기를 하고 있는 걸 알 수 있다. 천리마 운동은 거의 인력에 의존한다는 사실을 다시 한번 확인할 수 있다.

애초 계획 노선은 대동강 강 밑으로 터널을 뚫어 횡단하는 것이었다. 천리마선 봉화역에서 대동강을 하저터널로 관통하여 건너편 계획 노선에 연결하기로 했던 것이다. 하지만 1971년 애초 하저터널을 건설하려 했으나 공사 도중 붕괴로 대참사가 발생하여 포기했다. 봉화역 건설 도중 하저터널 붕괴로 인해 100명 이상의 사망자가 발생했다. 대참사 이후에도 5번 시도를 했지만 실패한 뒤, 부득이하게 노선을 변경했다고 한다. 이후 하저터널 대신 세계청년학생축전을 맞아 김일성의 생가인 만경대 방향으로 2개 역을 추가로 개통하는 만경대선을 신설하게 되었다고 한다.

한편 서울 지하철의 하저터널은 현재 3개가 가동 중이라고 한다. 만약 남북경협이 본궤도에 올라 남북 간에 건설기술도 가능해진다면, 대동강 하구에는 곧장 하저터널이 건설될 수 있을 것이다.

◆ 평성시, 평양의 싱크탱크

평성시는 평양의 위성도시이다. 평성시는 인프라가 잘 갖춰져 있는 편이다. 북한 사람들이 '조선의 홍콩'이라 부를 정도라고 한다. 이곳

에는 중국 국적의 화교, 재일교포 귀국자(북송선)가 주민의 다수를 차지한다고 한다. 위성도시는 1961년 김일성 주석이 계획했고 대도시의 무리한 확장을 피하고자 평양만이 아니라 함흥, 청진 등에도 건설했다고 한다.

평성시는 지리적으로 평양의 관문 역할을 하며, 북한 전역을 연결하는 교차점이기도 하다. 기능적으로는 북한의 싱크탱크라고 할 수 있는 연구소들을 비롯하여 과학단지, 평양으로 들어가는 물품의 집화장 등이 있다.

디지털에 비친 평양,
주체탑에서 여명거리까지

평양은 '사회주의 국가 수도 중에서 가장 아름다운 도시'라고 한다. 반쯤은 진실이고, 반쯤은 허풍일 것 같다. 그런데 대체 무슨 기준에서 그런 얘기가 나왔을까? 몹시 궁금하다.

그 궁금증을 속 시원히 풀어보려면 어떻게 해야 할까? 첫 번째는 평양 관련 학술 논문, 두 번째는 외국인들이 쓴 평양 체류기, 다음으로 구글어스, 유튜브 동영상 등을 찾아볼 수 있겠다. 이들을 차례차례 섭렵하다 보면, 거대한 평양이 퍼즐 맞추기를 하듯 서서히 실체가 드러날 것 같다. 그런데 북한 전문 학자가 아닌 다음에야 누가 감히 이런 어마어마한 짓(?)을 한단 말인가? 누가 지름길을 안내하듯 간단하게 소개해주었으면 정말 좋겠다.

나는 건설엔지니어 관점에서 도시 평양에 대해 관심이 많다. 특히 상징적인 건축물과 인프라 변화상을 꾸준히 모니터링해오고 있다. 자문자답 형식으로 6문 6답을 마련한다.

Q 1. 우선 평양의 행정구역부터 알고 싶다. 평양을 입체적으로 이해하려면 먼저 전망대에 올라가는 게 좋을 텐데, 서울이라면 남산타워에 올라가는 것! 평양이라면 그곳이 어디일까?

A 가장 먼저 주체사상탑에 올라간다. 주체탑에는 엘리베이터가 설치되어 있다. 그곳에 가면 평양의 파노라마 경관을 볼 수 있다. 평양(平壤)은 '평평한 땅'이란 뜻이다. 그 평평함이란 대동강과 보통강 연안에 자리 잡고 있기에 그렇다. 평양성(平壤城)이 예로부터 천혜의 요새로 불리었는데, 그 이유는 순전히 대

동강과 보통강이 자연적인 장애물(埃子) 역할을 했기 때문이다. 물론 북서쪽으로 갈수록 서서히 지대가 높아진다. 모란봉과 을밀대가 있는 곳인데, 을밀대는 평양성의 북쪽 장대가 있는 곳이다.

평양의 행정구역은 강을 경계로 나눠진다. 대동강을 사이에 두고 크게 동평양과 서평양으로 나뉘는데, 서평양은 다시 본평양과 서평양으로 나뉜다. 본평양은 평양성이 있던 곳으로 대동강과 보통강 사이의 가장 노른자위 땅이라 할 수 있다.

주체탑에 올라가면 평양 시내가 파노라마로 펼쳐진다. 동평양에 주체탑과 대동강 건너 김일성광장이 중심축을 이루고 있다. 사회주의 북한에는 광고가 없는 대신 사회주의 이념을 상징하는 상징적인 건물들이 많다.

Q 2. 평양은 사회주의 국가 중에서 가장 이상적인 도시라고 한다. 대체 어떤 기준으로 누가 공표한 것일까?

A 이 말은 도시계획 전공 학자들끼리는 공공연한 말이라고 한다. 하지만 우리나라에서는 한동안 금기(禁忌)시되었던 말이기도 하다. 왜냐하면, 적대국의 수도 '평양 예찬'은 국가보안법상의 '찬양고무죄'에 해당될 수도 있기 때문이다. 지금은 상황이 많이 바뀌었다. 남한에도 평양을 도시계획 관점에서 연구하는 학자들이 갈수록 늘어나고 있다. 그 덕에 평양에 관한 학술 논문도 상당히 축적되고 있는 중이다. 그렇다면, 평양이 사회주의 이상을 실현한 도시라는 이유는 무엇일까?

　평양은 6·25 전쟁 이후 완전히 새롭게 건설된 도시이다. 김일성이 수도 평양을 재건하면서 사회주의의 이상을 실현하도록 설계에 반영했다고 한다. 김일성이 도시계획가도 아닌데 어떻게 이것이 가능했을까? 모스크바대학 유학파인 건축가 김정희(金正熙 1921~1975)가 마스터플랜을 짜고 그 계획을 김일성이 전적으로 지원했다고 한다. 신도시 평양의 마스터플랜은 크게 세 가지 기능에 충실했다. 첫째, '생산의 도시 평양'이다. 출퇴근 거리에 생산공장들을 배치했다. 둘째, '녹지의 도시 평양'이다. 항공사진을 보면, 대동강 강변의 녹지대가 한강변에 비해 훨씬 더 잘 가꾸어져 있는 것을 알 수 있다. 평양은 아주 옛적부터 버들의 도시, '류경(柳京)'이라고 했다. 여전히 미준공 상태로 남아있는 '류경호텔'도 그 류경에서 따왔다. 즉 대동강 변의 녹지대에는 관목류는 주로 수양버들이다. 이처럼 버드나무가 많은 데 비해 한강 변은 잔디밭이고 나무가 거의 없다. 평양은 80여 곳 공원과 유원지로 인해 '공원의 도시'로 불리기도 한다. 셋째, '상징의 도시 평양'이다. 앞에서 언급했던 체제 선전용 상징적 건축물들을 말함이다. 체제 선전용 건물들은 70년대 이후 부쩍

늘어났다. 이 세 가지 요소가 조화롭게 반영된 도시이기에 '사회주의 이상을 가장 잘 실현한 도시'라는 평가를 받는다고 한다.

Q 3. 평양은 1960년대만 해도 사회주의 국가의 수도 중 가장 이상적이었다고 한다. 하지만 1970년대에 진입하면서 도시의 성격이 서서히 바뀌었다고 한다. 김일성 우상화가 정착되면서 거대한 상징건물들도 속속 들어서기 시작했다. 이들 상징건물은 어떤 것들이 있을까?

A 체제 선전에 거대한 건축물만큼 효과적인 게 또 있을까? 이는 역사가 증명한다. 예컨대, 로마제국은 언제나 거대건축물에 심혈을 기울였다. 개선문, 콜로세움, 대수로, 전차경주장, 판테온신전 등이 그것이다. 히틀러 역시 거대 건축물 건설에 혈안이었다고 한다. 비록 미완으로 끝나긴 했지만, 히틀러가 꿈꾼 제국의 수도 '게르마니아' 설계안은 유명하다. 이 설계안은 그의 건축 참모 알베르트 슈페어(1905~1981)의 작품이다.

김일성과 김정일 부자 우상화 작업의 일환으로 거대건축물들을 적절히 활용했다. 개선문에서부터 주체사상탑, 김일성 부자 동상 등 거대한 상징건물들만 눈에 띈다.

Q 4. '능라도 5·1경기장'은 '아리랑' 마스게임으로 유명하다. 수용인원 15만 명으로 세계 최대 규모의 경기장이라는데 사실인가?

A '능라도 5월 1일 경기장'은 대동강 안의 하중도 중의 하나인 능라도에 있다. 행정구역상으로는 평양직할시 중구역에 속해 있다. 이 5·1경기장의 건설 이면에는 남한과의 자존심 경쟁이 숨어있다. 남한이 1988 서울올림픽을 유치한 뒤 '잠실종합운동장'을 건설하자, 북한은 충격을 받고 맞불 작전으로 '1989 평양 세계청년학생축전'을 유치하기에 이른다. 이 행사를 위한 경기장으로 5·1경기장을 건설했던 것이다. 이 경기장은 2019년 기준으로 규모 면에서 여전히 세계랭킹 1위이다.

1989년 당시 대학생 임수경이 무단 입북하여 세계청년학생축전에 참가했던 곳이기도 하다. 이 경기장은 외국의 저명인사들이 평양을 방문할 시, 이곳에서 '아리랑 공연'을 관람하는 것으로도 유명하다. 지난 2018년 9월, 남북정상회담 당시 문재인 대통령도 이곳에서 집단체조 '빛나는 조국'을 관람한 바 있다.

Q 5. 평양의 지하철은 시민의 발이다. 1호선은 남한보다 1년 앞서 개통했다. 북한의 지하철은 핵전쟁에 대비하여 지하 100m 이하에 건설했고, 역사(驛舍)

내부가 남한의 지하철 역사보다 훨씬 화려하다고 한다. 일명 '지하궁전'으로 불리는 평양 지하철 현황에 대해 알고 싶다.

A 평양에 최초의 지하철이 개통된 시점은 1973년이었다. 서울 지하철 1호선보다 1년 앞서 준공되었다. 평양 지하철은 3호선까지 운행되고 있지만, 여전히 대동강 너머 동평양 쪽으로 넘어가지 못하고 있다. 그렇다고 동평양 쪽으로 노선 확장을 전혀 시도하지 않았던 것은 아니다. 지난 1987년 당시 지하철 노

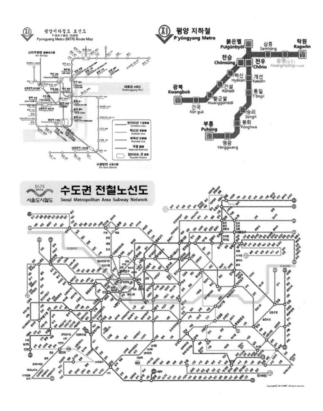

선 확장을 위해 대동강 하저터널 공사를 하다가 대형사고가 발생했다. 내용인즉, 대동강 아래로 터널 뚫기를 하다가 수압을 못 견디고 건설 중인 터널이 붕괴하는 바람에 대형 참사가 발생했고, 그때 이후 동평양 노선은 계획으로만 존재하고 있다. 순전히 경제난과 기술 부족이었다. 만약 남북경협이 재개되어 건설 투자가 활성화될 경우, 평양 지하철 확장이 영순위로 기대된다.

Q 6. 여명거리에는 초고층빌딩들이 속속 들어섰다고 한다. 그 바람에 평양이 '팽해튼'이라는 별명을 얻기까지 하였다. 과연 어느 정도 규모인지, 용도는 무엇인지 알고 싶다.

A 김정은 체제가 시작된 이후, 가장 큰 변화는 신의주, 나진 선봉, 원산 등에 23개의 국제경제특구를 공표한 것과 평양 여명거리에 초고층빌딩이 들어섰다는 것이다.

여명거리에 건설된 70층 규모의 초고층 살림집은 외관부터 대단히 독창적이다. 원통형, 장방형, 복합형 등 여러 유형이 있으며 주변의 여유 공지도 많다. 다만 우려되는 점은 '만리마속도'라고 하여 너무 단기간에 건설을 끝냈다는 점, 그리고 과연 내부 설비(상수도, 온배수, 냉난방 설비)가 제대로 작동될 것인가에 대한 의문이다. 어떤 이는 여명거리의 초고층빌딩을 두고 평양이 '평등의 도시에서 욕망으로 도시로 변하고 있다'는 성급한 전망을 하기도 한다. 어쨌든 간에 세월의 검증을 거칠 때까지 기다려봐야 할 것 같다.

◆ 평양, 이상과 욕망 사이

80년 후반, 류경호텔의 건설 실패 이후, 평양의 스카이라인은 한동안 잠잠했다. 하지만 2011년 김정은 체제 출범과 함께 미래과학자거리, 여명거리 등에 초고층살림집들도 속속 등장했다. 급기야 '평해튼'이란 말까지 나온다. 과연 '평양이 평등의 도시에서 욕망의 도시로 변모할까'는 좀 더 지켜봐야 할 것 같다.

최근 들어 평양에 관한 연구가 활발하다. 그 연장선에서 도시계획 관점에서 평양을 다룬 책들도 발간되고 있다. 예컨대, 『풍류의 류경, 공원의 평양』(이선, 효형출판, 2018. 12). 『도시화 이후의 도시』(임동우, 북저널리즘, 2018.11)를 들 수 있다. 이 책들은 그동안 체재 경쟁의 그늘에 가려져 있던 사회주의 도시, 평양의 진면목을 새롭게 발견해 준 느낌이다.

고백하건대, 저자는 아직 평양을 가보지 못했다. 다만 십여 년 전 금강산 관광과 개성 관광을 다녀온 이후, 평양과 북녘 도시들에 대한 모니터링을 계속해 오고 있다. 연구 논문과 저작들도 고맙기 한량없지만, 책에서 느끼는 갈증을 해소해 주는 단비는 따로 있다. 바로 구글어스와 유튜브이다. 그 덕에 평양에 관한 퍼즐 맞추기는 앞으로도 쉽지 않을 것이다.

개성(開城),
서해안 개발축의 견인차가 될까?

◆ 평양의 시간, 개성의 시간

최근에 『평양의 시간은 서울의 시간과 함께 흐른다』(진천규, 타커스, 2018.7)라는 책을 읽었다. 공교롭게도 책을 반쯤 읽었을 때, 저자의 특강을 들을 기회도 있었다. 이 책 프롤로그 일부를 인용해 본다.

평양거리의 사람들은 자유롭고 활기차 보였다. 특히 놀란 것은 손
전화(휴대폰)와 택시, 마트의 일상화였다. '평양은 통화 중'이라는

문장이 떠오를 정도로 많은 사람들이 휴대폰을 들고 전화 통화를
하거나, 사진을 찍거나, 화면을 들여다보고 있었다.

-위의 책, 9쪽.

그동안 유튜브에서 최근(?) 평양 관련 영상들을 많이 보았다. 하지
만 진 기자가 소개한 것들에 비하면, 한참 구닥다리 같았다. 특강이 끝
나고 질문을 던졌다.

"평양은 변화합니다. 평양 시민보다 개성 시민은 상대적 박탈감 같
은 게 없을까요?"

"남한에도 서울과 지방 도시 간 차이가 있듯이 북한에도 마찬가지
입니다. 서울 또한 강남 사람과 강북 사람이 있듯이 평양 안에서도 지
역별 큰 차이가 있지요. 개성 사람들에게 직접 물어본 적은 없습니다.
그래서 그들이 평양 시민에 대해 어떤 감정인가는 잘 모르겠습니다"

객관적으로 도시 외관 비교만으로도 '평양이 21세기 도시라면 개성
은 18세기 도시'라고 생각한다. 평양의 여명거리, 창광거리 등은 초고
층 살림집(아파트)들이 즐비하지만, 개성의 도심은 여전히 고려조의 도
성인 개경을 떠올릴 정도로 기와집들 일색이다. 물론 간선도로 양편에
우뚝 선 망루 같은 아파트를 제외하고 말이다. 생뚱맞게도 개성시민 입
장이라면, 이렇게 느낄 것 같았다. '평양의 시간만 서울의 시간과 함께
흐른다'고 말이다. 그럼 이제부터 개성의 도시 인프라를 살펴보자.

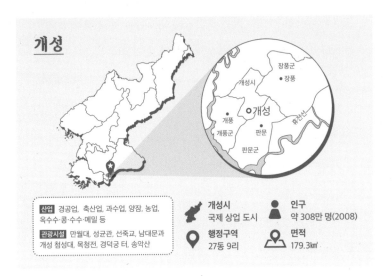

개성

산업 경공업, 축산업, 과수업, 양잠, 농업, 옥수수·콩·수수·메밀 등
관광시설 만월대, 성균관, 선죽교, 남대문과 개성 첨성대, 목청전, 경덕궁 터, 송악산

개성시 국제 상업 도시

인구 약 308만 명(2008)

행정구역 27동 9리

면적 179.3㎢

◆ **개성, 성급한 전망**

'개성은 통일한국의 수도가 될 것이다!' 그동안 내가 접했던 다양한 논지 중에서 가장 최근에 보았던 글을 다음에 옮겨본다.

개성은 과거 고려시대 500년 동안의 도읍지로 역사적 정통성이 있는 곳입니다. 고려시대 개성은 한반도와 중국, 동남아시아와 아랍 상인들까지 왕래하던 국제적인 무역 도시였습니다. 우리 역사를 살펴보았을 때 도읍지로 정할만한 후보지로는 서울, 평양, 개성 세 곳 정도입니다. 실제 평양은 고구려의 도읍이었고, 서울은 조선의 도읍이었습니다. 고려에서는 개성을 중심으로 평양을 서경 西京, 한양을 남경 南京으로 삼았던 역사가 있습니다. 한반도 지리를 살펴보더라도 한반도 전역으로 직접 교통로가 이어지는 지리적 중심지가 바로 서울, 평양, 개성입니다. 세 곳 중에 서울과 평양은 분단 이후, 남과 북의 수도가 되었기 때문에 두 곳 모두 통일 이후 도읍지로 적합하지 않습니다. 평양은 남측에서 바라지 않을 테고, 서울은 북측에서 원치 않을 것입니다. 결국 남은 곳은 개성밖에 없습니다. 이는 유럽연합 본부가 베를린이나 파리가 아니라 브뤼셀에 자리 잡은 것과 같은 이치입니다. 게다가 개성은 1945년 분단될 당시 남측에 속했던 곳이기도 합니다. 행정구역으로도 경기도에 속했으며, 거리는 평양보다 서울에 훨씬 더 가깝습니다.

-박한식, 강국진, 『선을 넘어 생각한다』 부키, 2018.4.

아마도 남북한 통합으로 통일수도 선호도를 여론조사 한다고 해도 마찬가지일 것 같다. 하지만 곰곰이 생각해 보면 주객이 전도된 느낌이다. 다시 말해 지금은 통일수도를 말하기 전에 남북교류를 재개하는 게 급선무라는 점이다.

아시다시피 남북은 이미 60년 이상 제각기 정체성을 굳혀 왔다. 따라서 단시간에 회복 가능한 동질성보다는 쉽게 극복하기 어려운 이질성이 훨씬 더 많다는 사실이다. 예컨대, '우리의 소원은 통일'이라는 노래부터 앞세우며 감성에 호소하는 방식은 시작에 불과하다. 그 노래를 함께 부르면 금세 가슴이 뜨거워지고 눈시울이 붉어진다. 하지만 사실상 거기까지이고 더 이상의 진전은 대단히 어렵다. 정책 당국이든 민간사업자든 간에 그동안 지겹도록 체험했기 때문이다. 이제는 좀 더 냉정해져야 한다. 종전 65년으로 이제 나라의 미래를 짊어지고 갈 주역들도 바뀌었다.

어느 글에선가 남북통일을 결혼에 비유한 걸 보았다. 내용인즉, 남쪽 청년과 북쪽 처녀가 결혼에 골인하자면, 우선 시간을 두고 교제부터 시작해야 한다. 전혀 다른 환경에서 자랐기 때문에 서로를 이해하는 데까지 꽤 많은 시간이 소요되기 때문이다. 할아버지, 할머니 시절 정서를 들먹이며 동질감을 내세우는 일은 맞선 때나 잠시 도움이 되었다. 본격적인 교제를 시작하면, 동질감보다는 서로 간의 차이점을 포용하는 아량과 배려가 더 필요하다는 논리였다.

결론적으로 통일은 교제가 무르익은 청춘남녀가 결과적으로 도달하는 목표라는 말이다. 만약 둘 사이에 교제가 순조롭지 않을 경우, 굳이 결혼할 이유도 없다는 말도 된다. 특히 20~30대 젊은이들은 '굳이 통일이 필요한가요?'라는 정서를 숨기지 않는다. 따라서 지금은 결혼을 말하는 단계가 아니고 교제를 내세우는 단계이다. 우선 서로의 장단점부터 꼼꼼히 살펴봐야 한다.

이 책에서 개성을 다루는 관점 또한 그렇다. 떡 줄 사람은 생각도 않고 있는데 김칫국부터 마실 수는 없다. 통일 수도의 가능성이나 당위성은 당분간 미뤄두기로 하자. 그 이전에 개성의 도시 인프라와 남북경협, 나아가 동북아 경제권을 위한 가능성, 특히 건설 부분에 대해 주목하고자 한다.

◆ 개성, 도시 운명의 순환

개성은 일제 강점기에는 평양 다음가는 도시였다. 분단 이후부터 서서히 도시가 위축되는 바람에 2008년 기준으로 9위로 전락(?)했다. 그 이유가 뭘까?

가장 큰 요인은 물류 소통이 끊긴 점이다. 다시 말해 개성의 동맥 역할을 했던 임진강, 예성강, 한강을 통한 뱃길 소통이 완전히 끊어져 버렸기 때문이다.

물류 소통이 원활한 다른 도시들, 이를테면 함흥, 청진, 남포, 원산 등이 개성을 추월하는 결과로 나타난 것이다. 만약 북한의 비핵화가 진전되고 남북경협이 재개된다면, 개성은 다시 옛날의 영화를 복원할 잠재력이 충분하다. 한편으로 개성이 그동안 개발에 뒤처졌다면 반대로 개발 잠재력이 크다는 뜻이기도 하다.

개성은 개성공단지구에서 보듯 향후 개발 여지가 많다. 아시다시피 개성특급시의 낙후된 기반시설을 현대화하는 데 개성공단이 상당 부분을 기여한 셈이다. 향후 공단이 재개될 경우, 인프라도 단계적으로

현화사
영동사
고려동
고려성균관
(고려박물관)
송악산
도찰문
첨성대
만월대
왕건릉
관먹정
공민왕릉
해운동
능리문
개성경기장
제동
개성민속호텔
선죽교
후동
주작문
개성시
개성민속호텔
표총사
송도대학
승양서원
보선동
내성동
남대문
오정문
(선의문)
경의
개성역
서천
관훈동
세계유산유적지구
한옥마을보존지구
최근모습
대흥산성
동수산
개국사
동현동
개성공업지구
황진이묘

확충될 것이다.

개성은 500년 동안 고려의 수도였다. 당시에는 내륙의 도시가 아니라 바닷길로 통하는 연안의 도시였다. 조선에 들어와서는 수도의 지위는 잃었지만, 교역 도시의 관성은 지속되었다. 하지만 일제강점기 경의선 철도가 개통되면서 주요 이동 및 운송 수단은 뱃길에서 철길로 변했다. 그 철길은 지금도 유효하다. 하지만 남북경협의 일환으로 개성공단이 개시되면서 철길은 육로로 바뀌었다. 11년 동안 개성공단이 운영되었지만 2016년 폐쇄가 되면서 개성은 다시 휴면계좌처럼 긴 침묵에 들어갔다.

개성의 역사를 보면 개성은 고려에서 조선 후기까지 해상교역의 도시였고 일제강점기에는 경의선 철도의 중간역이었으며, 남북경협으로 개성공단이 운영되던 시기에는 육로 교통의 도시였던 셈이다. 역사를 살펴보면 시대별 길의 변천도 드러나게 마련이다. 개성을 입체적으로 이해하기 위해서는 역시 강길(뱃길)부터 살펴보는 게 순서이다.

국가 체제가 제대로 작동하려면 가장 먼저 무엇이 필요할까? 재정의 확보이다. 그 원칙은 예나 지금이나 다름없지만, 시대에 따라 세곡에서 현금으로 바뀌었을 뿐이다. 농경시대는 세곡을 수도로 원활하게 운반하는 일, 즉 조운 항로가 잘 갖춰져 있어야 한다. 따라서 고려 이래 조운 항로는 전적으로 강길, 바닷길이었고 이들 항로가 곧 고속도로 역할을 했다. 따라서 개성은 내륙의 수도가 아니라 연안과 통하는 교역의 도시였다. 지도에서 보듯 개성은 육로보다 강길(뱃길)이 훨씬 편리했다. 한강 하구에서 임진강과 만나고 다음으로 서해로 들어가기 전에 예성강이 합류되었다.

이 뱃길을 통해 경기, 강원 내륙까지 조운선이 다녔다. 물론 삼남의 조세미는 서해를 통해 강화 앞바다로 진입하여 예성항으로 집결되었다. 하지만 남북 분단 이후, 한강 하구는 철조망이 생기고 한강 상류에서 배 한 척 서해로 나갈 수가 없었다. 그리하여 시나브로 뱃길, 강길은 잊혀간 셈이다. 만약 남북 간이 평화 체제로 전환되고, 경협이 본격적으로 재개된다면 예성강, 임진강, 한강 하구는 가장 먼저 서해평화협력 특별지대로 부활할 것이다.

고려조 당시 예성항은 곧 벽란도(碧瀾渡)이다. 당시 예성항의 상황을 유추할 수 있는 글을 다음에 인용한다.

> 고려 수도 개경의 해상관문이었던 예성항에는 항상 송상(宋商; 송나라 상인)의 배가 머물러 있었다. 송상의 배는 한 번에 몇 개의 상단을 태우고 오거나, 여러 척이 동시에 예성항에 정박하기도 했다. 그 가운데 일부는 최대 시장인 개경에 가서 객관에 머물며 관인들과 무역을 하였고, 나머지는 예성항에 남아 배를 지키며 주변 상인들과 교역하고 필요한 식료품이나 물을 구매했을 것이다. 예성항에는 송상을 위한 상업이 발달했을 것이다. 또한 송상의 무역을 감시하기 위해 예성항에서 파견한 어사대의 감검어사(監檢御史)가 화물을 검사하고 수출입을 해서는 안 될 물품이 있을 경우 해당 송상을 처벌하는 임무를 수행하였다.
>
> -이진한, 『고려시대 무역과 바다』, 경인문화사, 45쪽

2018년 6월 26일 판문점 평화의 집에서 남북철도협력분과회의가 열렸다. 이 회담에서 경의선 철도 연결 구간(문산-개성)에 대한 점검

및 공사 재개에 관한 공동보도문이 나왔다. 다음은 남북 공동보도문 전문이다.

◆ **남북 공동보도문 전문**

남과 북은 2018년 6월 26일 판문점 평화의집에서 남북철도협력 분과회담을 진행하고, 동해선 · 경의선 철도의 연결 및 현대화와 활용에서 제기되는 실천적 대책을 취해 나가기로 하였다.

1. 남과 북은 역사적인 판문점선언에 따라 진행하는 동해선 · 경의선 철도협력 문제가 민족경제의 균형적 발전과 공동번영을 이룩하는데서 중요한 의의를 가진다는 입장을 확인하고 앞으로 이 사업을 동시에 추진해 나가기로 하였다.

2. 남과 북은 동해선 · 경의선 철도 현대화를 위한 선행사업으로서 북측구간(금강산-두만강, 개성-신의주)에 대한 현지 공동조사를 빠른 시일 내에 진행하기로 하였다. ① 남북철도연결 및 현대화를 위한 공동연구조사단을 먼저 구성하기로 하였다. ② 현지 공동조사를 7월 24일에 경의선부터 시작하고, 이어서 동해선에서 진행하기로 하였다.

3. 남과 북은 우선 7월 중순에 경의선 철도 연결구간(문산-개성), 이어서 동해선 철도 연결구간(제진-금강산)에 대한 공동점검을 진행하며, 그 결과를 토대로 역사 주변 공사와 신호·통신 개설 등 필요한 후속조치를 추진하기로 하였다.(이하 생략) 2018년 6월 26일 / 판문점

위 공동보도문에 의하면, 경의선 철도 연결구간(문산-개성)부터 공동점검을 시행하고, 이 결과를 토대로 후속 공사를 개시하기로 합의한 것을 알 수 있다. 북한의 평양직할시와 황해북도 개성특급시를 잇는 고속도로이다. 북한에서의 정식 명칭은 평양 개성 간 고속도로다. 이 고속도로의 위상은 남한의 경부고속도로와 같다. 하지만 시설이나 연계노선, 그리고 교통량 측면에서 보면, 남한의 일반국도에도 한참 못 미치는 실정이다. 전체 노선은 평양에서 개성까지이다. 기점은 평양 충성의 다리 남단이다. 여기서 시작하여 평양, 황주, 사리원, 봉산, 서흥, 평산, 금천을 거쳐 개성시를 남쪽까지 잇는다. 다시 개성 남쪽을 지난 뒤 판문점에서 약 2km 서쪽으로 떨어진 곳에서 1번 국도와 합류한다. 도중에 평양과기대 앞에서 평양 원산 간 고속도로가 분기하며, 사리원에서 신천 사리원 간 고속도로가 2차선으로 분기해서 신천군으로 빠진다.

이 고속도로는 1987년 착공하여 애초에는 1992년 4월 15일 김일

성 80회 생일에 맞추어 개통할 예정이었다. 하지만 실제로는 1994년 김일성 사망 직후에 완공되었다고 한다. 총연장 170km, 노폭 24m의 왕복 4차선 고속도로이다. 실제 경사도가 4도 미만이며, 제한속도는 110km/h라고 한다. 전체 구간에 요금소 12개소, 터널 18개소, 교량 84개소 등이 개설되어 있다고 한다.

노면 상태는 양호한 편이 아니라고 한다. 지난번 2018 제1차 남북정상회담 당시 김정은 국무위원장이 그 사실을 고백한 적이 있다. 만약 문재인 대통령이 가을에 평양을 방문한다면, 고속도로 대신 항공편을 이용하라고 권했을 정도이다.

◆ 교통 체제와 경제력

1945년 광복 이후 남북한의 교통 체계는 다르게 발전했다. 남한이 고속도로 중심의 '주도종철(主道從鐵)'이었다면, 북한은 '주철종도(主鐵從道)'였다. 그 관성은 지금도 여전하다. 고속도로는 자동차를 위한 도로이다. 미국은 고속도로의 나라, 자동차의 나라이다. 자동차는 곧 개인주의, 자본주의를 상징한다. 결과적으로 고속도로는 개인들의 경쟁을 부추겼다고 할 수 있다.

이와 달리 철도는 어떤가? 시베리아 철도로 대표되는 러시아가 대표적이다. 철도는 통제경제인 사회주의 나라에서 발전했다. 기차에서 승객은 잠을 자든 술을 마시든 개의치 않는다. 만약 국민을 통제할 필요가 있을 경우, 기차를 정지시키면 상황 끝이다. 물론 집단 이주를 시킬 때도 아주 효과적이다. 20세기 냉전 시대 동안 사회주의 국가는 철도에 의존했다. 무리한 단순화라 할진 몰라도 남한은 고속도로, 북한은 철도에 의존했던 것이 50년 만에 엄청난 경제 격차로 나타났다고 해도 과언이 아니다.

◆ 개성, 서해안 개발축의 거점 도시

개성은 현재, 철도 교통과 육로 교통의 중심이다. 비핵화가 진전되고 남북경협이 재개되면 어떤 변화가 올까? 김칫국부터 마신다고 해도 좋다. 상상하건대, 가장 먼저 개성공단이 재개될 것이다. 거의 동시에 서해안 평화협력지대란 이름으로 뱃길(해상) 교통까지 열릴 것이다. 그렇게만 된다면 개성은 명실공히 서해안 개발 축의 거점으로 부상할 것이다. 나아가 개성은 부산-서울-평양-신의주-단동-시베리아 철도까지 연결될 것이다. 결과적으로 한반도 통일의 견인차로 떠오를 것이다.

벽란도(碧瀾渡),
고려의 국제항은 얼마나 붐볐을까?

◆ 벽란도(碧瀾渡), 고려의 해상 관문

'코리아(Korea)'라는 이름이 국제적으로 알려진 것은 '고려(高麗)' 때부터라고 한다. 고려에 무역을 하러 왔던 송나라와 아라비아 상인들이 값비싼 고려청자, 나전칠기, 고려인삼 등을 사가면서 서방에까지 고려국의 존재를 널리 전했던 것이리라.

고려조(918~1392) 당시 국제무역은 주로 서해를 통해 송나라, 일본, 베트남, 대식국(아라비아)까지 이뤄졌다. 물론 고려 이전에도 서해를 통한 국제무역이 활발히 이뤄졌다. 대표적으로 통일신라 말, 해상왕 장보고(張保皐 ?~846)의 명성은 동북아의 바다 전역에 떨쳐지지 않았던가. 장보고 사후 72년 만에 고려가 개국 되었으니, 비록 왕조는 바뀌었어도 그 해상무역의 관성은 고려에도 줄곧 이어졌다.

한편 왕조가 바뀌면 통치 중심인 도읍이 바뀌고, 도읍이 바뀌면 대외 교류의 창구도 바뀌게 마련이다. 따라서 고려의 개국과 함께 왕도 개경(開京-개성)의 관문도 새로이 떠올랐던 곳, 그곳이 바로 예성강(禮成江) 하구의 벽란도(碧瀾渡)였다. 흔히 벽란도를 섬으로 잘못 아는데, 벽란도의 '도(渡)'자는 섬이 아니라 '진(津)' '포(浦)'와 더불어 나루를 뜻한다. 예성강 하구 양쪽에 벽란도가 각각 있었다.

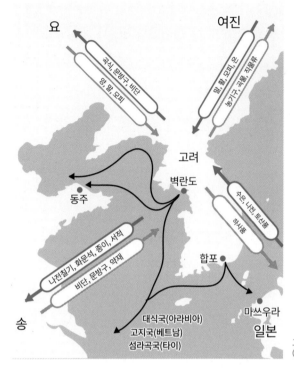

요

여진

곡식, 문방구, 비단
양, 말, 모피

밀, 활, 머리, 은
농기구, 곡물, 직물류

고려

벽란도

동주

수은, 나전, 토산품

하사품

합포

나전칠기, 화문석, 종이, 서적
비단, 문방구, 약재

송

대식국(아라비아)
고지국(베트남)
섬라곡국(타이)

마쓰우라
일본

고려의 대외무역도
(정수일교수)

한편 인류문명의 큰 방향이 북방에서 남방으로, 또 대륙에서 해양
쪽으로 전진한다고 할 때, 벽란도는 우리 역사가 중세를 넘어 근대로
향하는 징검다리를 담당했다고도 할 수 있다. 그렇다면 과연 벽란도는
얼마나 규모가 크고 얼마나 많은 외국 상인들로 붐볐을까? 국내외 문
헌에 남아있는 기록들을 통해 국제무역항으로서 벽란도의 실체를 추
적해 본다. 우선 고려 수도 개경과 벽란도의 입지를 살펴보자.

◆ 개경(開京)과 벽란도

개경의 산세는 웅건하고 박대하다. 동쪽에 마전강, 서쪽에 후서강이 있으며 승천포가 앞에서 조(朝)다. 교동(喬桐)과 강화(江華) 두 큰 섬이 바다 가운데 있으며 일자(一字)로 가로 뻗어 남해를 가로막았고, 북으로 한강의 물을 가두어 은연 중 하류는 앞산의 바깥을 둘러싸서 깊고 넓으며 굉장히 크다.

-이중환 『택리지』

이처럼 개경은 예성강, 임진강, 한강의 하구인 강화도 지척에 있어 육로보다는 물길이 훨씬 더 가까웠다. 한편 조선에 들어와서는 한양과 불과 60km 떨어져 있는 개성과는 인적·물적 교류가 빈번했다. 특히 조선 개국 초기부터 내로라하는 한양 선비들의 가장 인기 높은 탐승지(探勝地)가 개성이었다. 그도 그럴 것이 조선조의 신진 관료들에게 쓰러진 고려조의 왕도 개성은 송악산, 만월대, 영통사, 박연폭포 등의 빼어난 경승지였을 뿐만 아니라, 지척

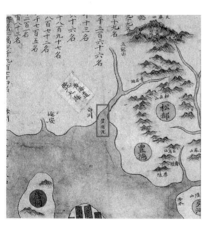

벽란도(□)와 주변지도

박연폭포(강세황 그림)는 조선조 한양의 선비들에게 최고의 유람장소였다.

에서 5백 년 고려왕조의 쇠망 원인을 자신의 눈으로 확인하고픈 곳이
었다. 이렇게 가까웠던 개성이 남북분단과 함께 까마득히 먼 곳이 되
고 말았다. 분단 이후 개성의 획기적인 변화는 2000~2016년까지 개성
공단의 가동이었다. 또한 저자는 운 좋게 개성관광(2008)을 다녀온 적
이 있어, 가까운 미래에 남북통일이 되고, 개성이 통일 조국의 수도로
거듭나기를 소망하고 있다.

◆ 벽란도, 교통의 중심

고려 시대에는 물길을 따라 개성에 들어오는 세 갈래 길이 있었다.

첫째는 임진강 지류인 사천(동강)을 통해 들어가는 길, 둘째는 개성 남쪽 40여 리 떨어진 곳의 승천포(강화도 승천포와 마주보고 있음)를 통해 가는 길, 셋째는 예성강을 통해 들어오는 길로 바로 그 유명한 벽란도가 있는 길이며, 이 셋째 길이 가장 인기 있는 길이었다고 한다.

또한 벽란도는 중국에서 육로로 개성을 오려면 반드시 거쳐야 하는 길목의 나루터였다. 조선 시대에도 중국으로 갈 때 반드시 지나가야 하는 황해우도(黃海右道)의 교통요지였다. 이러한 지정학적 중요성 때문에 예부터 고구려와 백제는 이 땅을 놓고 싸우기도 하였다. 이 항구 언덕 위에 벽란정(碧瀾亭)이 있었는데 송나라 사신들이 오면 반드시 묵고 가는 접대 장소였다. 원래는 예성항이었는데, 이 벽란정 때문에 별명 벽란도가 항구 이름으로 굳어졌던 것이다. 벽란도가 번성했던 시절을 전해주는 일화 한 편이 『고려사』에 전해 온다.

◆ 아내를 걸고 내기바둑

옛날에 중국 상인(唐商) 하두강(賀頭綱)이 있었는데 바둑을 잘 두었다. 일찍이 예성강에 이르렀을 때 거리에서 한 아리따운 부인을 만났다. 그래서 바둑으로 도박을 걸고자 그 부인의 남편과 돈 내기 바둑을 시작하였다. 그런데 거짓으로 바둑을 지고 곱 주기를 하니 그 남편이 입맛을 붙이고 마지막엔 자기 처를 걸었다. 이때 두강이 단번에 바둑을 이기고 그의 처를 배에 싣고 갔다. 그래서 그 남편이 후회하고 한탄하면서 노래 〈예성강곡 禮成江曲〉을 지었다 한다. 세상에 전하기를 그 부인이 갈 때 옷매무새를 심히 견고하게 하였으므로 하두강이 그 부인의 몸을 다치려다가 목적을 달성하지 못하고 바다로 들어섰을 무렵에 뱃머리가 돌고 가지 않았다. 그래서 점을 치니 "정절 있는 부녀가 신명을 감동시킨 탓이라. 그 부인을 돌려보내지 않으면 반드시 파선되리라"고 점사(占辭)가 나왔으므로 뱃사람들이 두려워서 하두강에게 권고하여 돌려보냈다. 그래서 그 부인이 역시 노래를 지었는바 후편이 바로 그것이라 한다.

－『고려사』

이 전설처럼, 벽란도는 송나라 상인과 개성사람들이 심심풀이로 '내기바둑'을 할 정도의 항구였고, 간혹 '인신매매'까지도 벌어지는 국제화(?)된 항구였던 것이다.

◆ 『고려도경』과 벽란도

선화봉사고려도경(宣和奉使高麗圖經 이하 '고려도경')은 송나라 선화 6년(1124)에 고려에 파견한 서긍(徐兢 1091-1153)의 사절단(國信使) 일행이 개경에 다녀간 사행 보고서로, 경과와 견문을 그림을 곁들여 엮어놓은 기록이다. 당시 중국 북방 지역은 대부분 금(金)제국의 치하에

있었으므로, 북송에서 파견한
사절단은 육로를 이용할 수 없
었고 바닷길로 황해를 건너가
야 했다. 그것도 산둥(山東) 방
면의 항구에서 떠나는 짧고 안
전한 항로가 아니라, 지금의 저
장성 연안의 항구에서 떠나 황

복원된 청자운반선

해를 건너 전남 흑산도, 군산도(선유도)를 거쳐 강화도를 감돌아 다시
예성항(벽란도)에 이르는 우회 노선을 취할 수밖에 없었다. 그의 선단
은 관선(官船)인 신주(神舟) 두 척과 민간 소유의 객주(客舟) 여섯 척,
모두 여덟 척으로 인마(人馬)와 예물 등, 각종 장비와 물품을 싣고 왔
다. 사절단의 규모는 뱃사람들까지 모두 200명이 넘는 큰 규모였다.
항해 일수는 올 때는 명주를 떠난 지 13일 만에, 돌아갈 때는 42일, 개
성에 체류 기간을 합쳐 대략 3개월이 걸렸다. 당시 송나라 사절이 벽란
도에 입항하는 정경을 『고려도경』에서 옮겨본다.

예성항(벽란도): 12일 아침에 비가 멎자 조수를 따라 예성항으로
들어가고, 정사와 부사는 신주로 돌아 들어왔다. 오각에 정사와
부사가 도할관과 제할관을 거느리고 채색 배에서 조서를 받들고
갔다. 만 명에 이르는 고려인들이 무기 · 갑마(甲馬) · 기치 · 의장

물을 가지고 해안가에 늘어서 있고 구경꾼이 담장같이 둘러서 있었다. 채색 배가 해안에 닿자 도할관과 제할관이 조서를 받들고 채색 가마로 들어가고, 하절이 앞에서 인도하며 정사와 부사는 뒤에서 따라가고 상·중절이 차례로 따라가서 벽란정으로 들어갔다. 조서를 봉안하는 일을 끝내고는 서열에 따라 나뉘어 잠시 휴식을 취했다. 다음날 육로를 따라 왕성(개경)으로 들어갔다.(하략)

-서긍, 민족문화추진회 역, 『고려도경』, 서해문집, 275쪽

한편 고려 후기의 대학자이자 시인인 이규보(李奎報 1168~1241)의 『동국이상국집』에 남긴 시에도 국제무역항 벽란도의 규모와 번성함을 능히 짐작할 수 있다.

물결은 밀려왔다 다시 밀려가고 / 오가는 뱃머리 서로 잇대었네 / 아침에 여기서 떠나면 / 한낮이 못 되어 남만에 이른다네(潮來復潮去/來船去舶首尾衡相連/朝發此樓底/未吾棹入南蠻天)

◆ 벽란도의 부두시설

서해는 조수간만의 차가 심하다. 인천항의 그것이 약 9m에 이를 정도니, 인천보다 약 60km 북쪽에 있는 벽란도도 10m 정도는 되었을 것이다. 그렇다면 외국에서 온 무역선들은 벽란도에 어떻게 접안을 했을

칭다오의 잔교(棧橋)-벽란도의 그것과 흡사했을 것이다.

까? 문헌 자료에 의하면, 예성강 하구의 벽란도는 수심이 깊다는 언급만 있을 뿐 부두시설에 대해서는 별다른 언급이 없다. 추측하건대, 외해(外海) 쪽에 묘박지(錨泊地)를 두고 밀물 때에 접안하여 하역과 선적을 했던 것 같다. 또한 여러 선박이 동시에 접안하려면 기다란 잔교(棧橋) 시설이 있었을 것이다. '고려도경'에 묘사된 화려한 입항 장면으로도 능히 상상된다.

잔교 설치를 위해서는 우선 연안의 물속에다 일정 간격으로 말뚝을 박고, 그 위에 가교(架橋)를 가설하면 된다. 비슷한 사례로 해상왕 장보고의 청해진(완도) 유적에는 지금도 해안에 가지런히 박혀있는 말뚝들을 볼 수 있다.

◆ 교역물품의 종류

고려의 대외 교역은 특히 송나라와 활발했다. 기록에 의하면, 현종 때부터 260년간 무역을 위해 송나라를 왕래한 횟수는 120여 회이고, 송나라 상인 5천여 명이 고려에 입국했다고 한다. 당시 고려청자는 수출 대표상품이었다. 그 증거로 지난 1983년 완도 앞바다에서 발굴된 해저 유물선으로, 이 배에는 고려청자 제품들이 무려 3만여 점이나 실려 있었다. 또한, 고려의 수입품은 차(茶), 약재, 서적, 비단 등이었으며, 주종은 차와 비단이었다고 한다. 『고려도경』에 의하면, 차는 승려들과 귀족층의 기호품으로 개경 거리에 다점(茶店)이 즐비했다고 한다. 또한, 제사에도 차를 올렸기에 '차례(茶禮)'라고 하였으니, 차 마시기는 밥 먹기처럼 예사로운 일이었다. 하지만 조선에 들어 억불숭유(抑佛崇儒)정책에 따라 차의 수입도 끊어지고 승려들과 귀족들의 끽다 풍습도 시들어버렸다.

한편 고려 말 최무선(崔茂宣, 1325~1395)이 화약 제조에 성공할 수 있었던 것도 이곳 벽란도에서 사귄 송나라 상인 덕분이었다고 한다. 이처럼 벽란도를 통한 대외 교역은 대단히 번성했고, 교역 이외 첨단 기술, 유학을 통한 인적 교류 등도 전방위에서 이뤄졌다고 한다.

◆ 벽란도의 부활을 꿈꾸며

벽란도는 '바다의 실크로드(Maritime Silk road)'의 연장선이었지만,

벽란도와 그 주변-남북 교류가 활성화되면,
인천항과 연계하여 국제무역항으로 개발 가능성이 기대된다.

조선에 들어 일시에 쇠락의 길을 걷는다. 한양 천도 이후 조선 후기까지 지속된 해금(海禁)과 쇄국정책으로 인해서였다. 또한 근대에 들어 청일전쟁(1894)을 계기로 제국주의 일본이 득세하고, 한반도의 자원 탈취와 대륙진출의 일환으로 경인선(1902), 경부선(1904), 그리고 경의선(1906) 등을 건설하여 철도 중심 체계가 구축되며 벽란도는 역사의 수면 아래로 가라앉게 되었다.

그러나 다시금 희망의 불씨로 떠오른 것이 있다. 바로 2000~2016년까지 가동되었던 개성공단이다. 전면 중단되었던 개성공단이 재개되고 남북 간 교류가 증진된다면, 벽란도에는 부활의 뱃고동이 울려 퍼질 수 있다. 서해안의 최대 항구 인천항, 동북아 최대공항 인천국제공항, 또한 개성을 지나가는 경의선 철도 등등 기존 인프라와 함께 역사 속의 잠자는 인프라 '벽란도'를 부활시킬 것이다. 하루빨리 그날이 와서, 남북의 기술자들이 손을 맞잡고 최첨단 항만 벽란도를 건설하기를 고대해 본다.

참고자료

- 서긍, 민족문화추진회, 『고려도경』, 서해문집
- 백지원, 『고려왕조실록』, 진명출판사
- 이한우, 『고려사로 고려를 읽다』, 21세기북스
- 한국역사연구회, 『개경의 생활사』, 휴머니스트

판문점 선언,
끊어진 혈맥 다시 이을까?

◆ **남북정상회담과 판문점 선언**

2018년 4월 27일 판문점에서 남북정상회담이 열렸다. 철천지원수 지간이 하루아침에 살가운 부자(父子) 사이로 변한 것 같았다. 나이로 보면 두 정상이 아버지와 아들뻘이다. 두 정상은 시종일관 싱글벙글 웃었다. 나는 꿈인지 생시인지 어리둥절하기만 했다. 판문점 도끼 만행, 천안함 사태, 연평도 포격의 장본인이 어떻게 저렇게 변할 수가 있을까…….

이날 하루 동안 남북한은 물론이고, 전 세계의 이목이 판문점에 집중되었고, 시종일관 놀라움의 연속이었다.

'판문점 선언'에 담긴 내용도 놀랍기는 마찬가지다. 과연 실현될 수 있을까? 현재로선 반신반의하지 않을 수 없다. 우선 판문점 선언의 전문 중에서 건설 관련 내용에 밑줄을 그어보았다.

한반도의 평화와 번영, 통일을 위한 판문점 선언

대한민국 문재인 대통령과 조선민주주의인민공화국 김정은 국무위원장은 평화와 번영, 통일을 염원하는 온 겨레의 한결 같은 지향을 담아 한반도에서 역사적인 전환이 일어나고 있는 뜻깊은 시기에 2018년 4월 27일 판문점 평화의 집에서 남북정상회담을 진행하였다.

양 정상은 한반도에 더 이상 전쟁은 없을 것이며 새로운 평화의 시대가 열리었음을 8천만 우리 겨레와 전 세계에 엄숙히 천명하였다.

(중략)

역사의 땅 판문점에서 다음과 같이 선언하였다.

1. 남과 북은 남북 관계의 전면적이며 획기적인 개선과 발전을 이룩함으로써 끊어진 민족의 혈맥을 잇고 공동번영과 자주통일의 미래를 앞당겨 나갈 것이다.

(중략)

③ 남과 북은 당국 간 협의를 긴밀히 하고 민간교류와 협력을 원만히 보장하기 위하여 쌍방 당국자가 상주하는 남북공동연락사무소를 개성지역에 설치하기로 하였다.

④ 남과 북은 민족적 화해와 단합의 분위기를 고조시켜 나가기 위하여 각계각층의 다방면적인 협력과 교류, 왕래와 접촉을 활성화하기로 하였다.

(중략)

⑥ 남과 북은 민족경제의 균형적 발전과 공동번영을 이룩하기 위하여 10·4 선언에서 합의된 사업들을 적극 추진해 나가며 1차적으로 동해선 및 경의선 철도와 도로들을 연결하고 현대화하여 활용하기 위한 실천적 대책들을 취해나가기로 하였다.

(중략)

당면하여 문재인 대통령은 올해 가을 평양을 방문하기로 하였다.

2018년 4월 27일 판 문 점

대한민국 대통령 문재인 · 조선민주주의인민공화국 국무위원회 위원장 김정은 판문점 선언은 그야말로 원론적인 선언이다. 그런데도 선언문에 철도와 도로 연결이 들어 있다. 남북 모두가 가장 절실하게 느낀다는 사실이다.

가장 급선무가 건설 인프라이다. 경의선과 동해선 철도 및 도로 연결 다음으로 무엇을 들 수 있을까? 기존 철도와 도로의 개보수가 시급할 것이다. 다음으로 세계적인 관광명소로 알려진 백두산, 금강산 등에 공항, 관광호텔 등도 시급하다. 그 이전에 북한의 만성적인 전력난을 해결하기 위해 발전소를 건설하는 일이다.

현재로선 섣부른 김칫국이 될지 모른다. 하지만 나는 건설 엔지니어로서 이를 반기지 않을 수 없다. 생각해 보라. 누군들 남북을 관통하는 역사적인 인프라 건설에 동참하고 싶지 않겠는가.

◆ **동해선과 경의선 철도**

길이 통하면 사람과 물자가 통한다. 길이 통하면 이념도 종교도 통한다. 길이 통하면 마침내 원한도 녹아내리게 마련이다. 남북 교류에 있어 가장 시급한 사안이 바로 분단으로 끊어져 버린 철도와 도로를 잇는 일이다. 이는 다음 그림에서 보듯이 경의선과 동해선의 연결이다.

경의선은 서울에서 신의주까지 26.8km, 동해선은 강릉의 제진에서 금강산까지 25.5km이다. 그림에서 보듯이 경의선은 중국(선양)을 관통하여 시베리아 철도로 연결된다. 또한, 동해선 역시 원산, 청진을 지

경의선과 동해선 구간

나 러시아 하산, 블라디보스토크까지 연결된다. 물론 그 이후는 시베
리아 철도에 연결된다. 동해선의 복구를 서두르는 데는 또 다른 이유
가 있다. 금강산 관광 재개이다. 금강산 관광이야말로 격리된 지역인
데다 별다른 밑천 없이 천혜의 경관을 팔아먹는 일이기 때문이다.

아시다시피 하산은 중국 훈춘과 함께 두만강하구 개발지구에 속한
다. 북한 김정일 정권 당시 중국, 북한, 러시아, 한국이 공동 개발에 합
의했지만, 김정일이 돌연 사망한 뒤, 중국 측만이 현재까지 개발에 열

중하고 있다. 지난 2015년 9월, 나는 두만강 하구 개발지구를 답사한 적이 있다. 애초 중국, 러시아, 한국, 북한 4개국이 공동 개발하기로 한 뒤, 김정일 위원장의 사망으로 북한은 중도에 하차한 꼴이 되었고, 중국 측만이 전력투구하는 느낌을 받았다. 안타까움을 금할 수 없었다. 만약 동해선이 연결된다면, 나진, 선봉지구를 거쳐 두만강 하구 개발지구를 통과하게 될 것이다.

◆ 2007 금강산 관광의 기억

만약 '판문점 선언'대로라면 조만간에 북한 관광이 재개될 것이다. 그렇게 되면 가장 먼저 금강산과 개성 관광도 재개될 것이다. 이쯤에서 십 년 전 기억을 더듬어 보기로 한다. 2008년 금강산 관광이 끊어진 이후, 인프라 상황은 크게 달라지지 않았을 것 같다. 기반시설 투자 역시 진전이 없었을 것이기 때문이다.

나는 2007년 금강산 관광을 다녀왔다. 당시에는 육로와 해로, 2가지 길이 있었다. 나는 육로를 통해 들어갔다. 십 년이 훌쩍 지났지만 지금도 선명히 기억에 남아 있는 것들이 있다. 개인적인 관광이었지만 나 자신의 기억도 반추해 볼 겸 독자들의 이해를 돕는 데도 유익하리라는 생각이다. 왜냐하면, 북한의 관광 인프라는 그때나 지금이나 거의 변화가 없을 것 같기 때문이다.

첫째, 상팔담과 비좁은 계단

금강산은 점입가경이었다. 목란관을 지나 옥류동에 들어서자 탄성이 절로 나왔다. 옥류동은 너럭바위 위로 옥구슬같이 쏟아져 내리는 물길이 장관이었다. 구룡폭포를 들렀다가 상팔담으로 오르는 길은 엉성하기 짝이 없는 철계단이었다. 난간도 제대로 없고 상태도 낡아 위험하기 짝이 없었다. 달랑 계단 하나를 두고 상행, 하행을 함께 사용해야 하는 것이었다. 함께 간 일행이 건설 엔지니어들이라 즉석 토론이 벌어졌다.

"케이블카를 놓으면 간단히 해결된다!"
"천하 명산에 케이블카를 놓으면 경관을 망친다!"

내 생각은 케이블카를 놓는 쪽이다. 장애인과 노약자도 금강산을 즐기려면 응당 케이블카를 놓아야 한다. 다음으로 금강산 입장객을 순조롭게 소화하려면 케이블카를 적극 활용하는 게 좋다. 접근로가 너무 한정되어있는데 특히 구룡폭포 지나 상팔담으로 오르는 등산로는 단 1개의 비좁은 계단뿐이었다. 케이블카를 설치할 경우, 스키장의 곤도라처럼 지체 없이 순환을 시킬 수 있기 때문이다. 물론 케이블카 설치는 경관을 해치지 않는 범위 내에서 말이다.

둘째, 깎아지른 절벽마다 붉은 글씨!

금강산에는 반듯한 암벽마다 붉은 글씨들 차지다. 혁명 구호 내지는 경애하는 수령님! 일색이다. 깎아지른 암벽에다 위험을 무릅쓰고 어떻게 새겼을까? 대문짝만하게 새긴 구호가 있고, 혁명 가요의 가사도 통째로 적혀 있었다. 가쁜 숨을 몰아쉬며 오르막을 오른 뒤에 한숨 돌려 쉬는 자리에 다다르면, 어김없이 건너편 암벽에 구호가 나타났다. 산들바람을 느낄 새도 없이 혁명 구호가 먼저 반기는(?) 것이었다.

북한에서는 천하절경 역시 체제 선전에 복무 중이란 느낌이 들었다. 만약 통일이 될 경우, 어떻게 원상복구를 할 것인지 문제가 아닐 수 없다.

금강산 암벽의 붉은 글씨인지 문제가 아닐 수 없다.

셋째, 한가롭기 그지없는 삼일포

삼일포는 호수 속에 아담한 섬이었다. 경관이 빼어났다. 하지만 대낮인데도 너무 조용하고 한가로웠다. 이곳이 조선의 빼어난 풍류 마당이었다는 사실이 도무지 실감이 나지 않았다. 만약 금강산을 종합적인 테마파크로 조성한다면, 이곳 삼일포가 만물상과 함께 최고의 경관이 될 것 같았다. 지금도 예쁘장한 북한 안내원 아가씨가 생각난다. 우리 일행 중에 동료 하나가 안내원 아가씨에게 북한 말투로 짓궂은 농담을 건넸다.

"안내원 동무! 쌍꺼풀이 정말 예쁘네요. 혹시 의학의 힘을 빌렸습네까?"
"아 네! 쌍꺼풀 수술 받았습네다. 수령 동지께서 배려해 주신 덕분입네다!"

뜻밖의 질문에도 안내원 아가씨는 당당하고 솔직했다. 남한 땅 아가씨라면 수줍어서 말도 못 했을 텐데 북녘땅 아가씨는 전사 같았다.

넷째, 심각한 전력난

금강산 관광 후, 저녁에는 금강산호텔에 묵었다. 저녁 식사를 하고 나오는데 곱게 한복을 차려입은 안내원 아가씨가 광고를 한다. 4층에

가면 주점이 있다고 꼭 가보라고 한다. 그곳에 가면 자연산 송이버섯 구이에 평양 소주, 대동강 맥주도 있다고 한다. 동료 몇몇과 함께 그곳에 들렀더니 특유의 이색 안주가 나왔다. 송이버섯을 날것으로 북북 찢어 참기름에 찍어 먹으라고 했다. 솔향이 폴폴 났지만, 깨알 같은 진드기가 붙어있는 송이버섯은 도무지 구미가 당기지 않았다. 기본만 팔아 주고서 호텔 꼭대기 스카이라운지에 갔다. 그곳에는 노래방이 있었다. 손님이라곤 우리 일행뿐이었다.

간이 무대 뒤에 배경막 대신 커다란 TV가 있고 노래를 할 수 있었다. 평양 소주, 대동강 맥주를 마신 뒤, 누군가 노래를 신청했다. TV에 가사가 나오는가 했더니, 화면이 술을 먹은 것처럼 춤을 추기 시작했다. 도무지 가사를 알 수 없었는데, 이마저도 도중에 정전이 되고 마는

일행이 묵었던
금강산호텔 전경

게 아닌가. 알고 보니 이곳 전기는 현대중공업에서 가스터빈 발전기를 돌려 충당하는데 발전량이 한참 모자란다고 했다. 꿩 대신 닭으로 지도원 동무를 불렀다.

"지도원 동무! 노래방이라 해놓고 이건 너무 심하잖소. 우리는 가
사 없이 노래 못 부르니 대신 동무들이 한곡 불러주시오."
"아니 되오! 우리는 근무 중에 노래 못 부릅네다."
"말도 안 되는 소리요. 일과가 끝났는데 무슨 근무 중이란 말이오.
그러지 말고 혁명가요 '적기가' 한번 합창으로 불러주시라요."

밀고 당기고 실랑이 끝에 드디어 적기가를 들을 수 있었다. 반주 없이 생생한 육성이었다. 재미있는 것은 그들이 노래를 하면서 불끈 쥔 주먹도 함께 흔들었다는 점이다.

"민중의 붉은 기는 전사의 시체를 감싸고
시체가 식어 굳기 전에 혈조는 깃발을 물들인다.
원수와의 혈전에서 붉은 기를 버린 놈이 어떤 놈이냐
돈과 직위에 꾀임을 받은 더럽고도 비겁한 그놈들이다.
높이 들어라 붉은 깃발을, 그 밑에서 굳게 맹세해……."

금강산 관광은 아주 좋았다. 그중에 가장 좋았던 일은 온정리 온천이었다. 이듬해에는 개성 관광을 갔다.

◆ 개성 관광 기억

개성은 고려의 수도답게 기품이 느껴졌다. 선죽교도 가보고 고려박물관에도 들렀다. 개성관광의 하이라이트인 박연폭포에 갔다. 박연폭포 가는 길은 송악산 이름 그대로일 테니 분명 울창한 소나무 숲과 바위들이 많으리라. 그런데 아니었다. 소나무는 있어도 숲은 아니었다. 그나마 산기슭은 붉은 민둥산이었다. 오르는 길은 그런대로 정비가 잘되어있었다. 관광버스 주차장도 널찍했는데 남한 손님은 우리 일행뿐이었다. 주차장을 지나 오르막 초입엔 거대한 비석이 서 있었다. 비석엔 박연폭포 관광지 조성 내력을 새겨놓았다. 주말인데도 불구하고 북녘 관광객은 단 한 사람도 볼 수 없었다.

오솔길을 가는 중간마다 즉석 매점이 있었다. 그곳에는 수수 부침개를 팔고 있었는데 달러도 받았다. 박연폭포는 경기민요에도 등장하고, 겸재 정선의 그림으로도 유명하다. 수묵화인데도 우렁찬 폭포 소리가 천

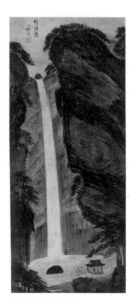

박연폭포(겸재 정선)

지를 진동하는 듯하다. 그래서 그 규모가 대단할 줄 알았는데 막상 가보니 아담한 규모였다. 그때의 느낌을 적은 졸시 한 편(출처: 박원호 시집《하늘나무》2009)을 끝에 옮겨본다.

◆ 판문점 선언 이후

4월 27일 남북정상회담 이후 훈풍이 불고 있다. 위에서 언급한 바와 같이, 북한은 도시기반시설이 절대 부족하다. 도로, 철도, 전력 사정, 공항, 부두 등등이 있어도 상태가 너무 열악하다. 따라서 4/27 '판문점 선언' 이후 건설업계에도 남북 간 개발 사업에 대한 희망이 부풀고 있다. 일례로 경의선, 통해선, 금강산 관광 개발 프로젝트 등이다. 기왕이면 확실한 평화 담보를 위해서는 '우리 민족끼리'를 넘어 국제 컨소시엄 형태가 바람직할 것 같다.

끝으로 남북교류의 물꼬를 가장 먼저 트는 일! 끊어졌던 혈맥! 경의선과 동해선 철길이 가장 먼저 열리기를 기대해 본다.

안부

박원호

송도松都의 진산, 송악산

숲은 고사하고 벌거숭이 민둥산이라니

송도가 아닌 개성이니까

그래도 그러려니 했네

깡마른 체구의 안내원이

일본의 독도 망언을 성토하며

독도는 우리 민족의 피붙이야요 할 때는

아무렴 그렇지, 코끝이 찡했네

고려박물관에서

노비의 몸값은 백냥인데

황소 한 마리가 4백냥인 걸 보고

어찌 저럴 수가, 뒤통수가 얼얼했네

'인민의 명승 박연폭포

오랜 세월 착취자들의 유흥터로 빛을 잃었던 이곳이

오늘은 인민의 유원지로 꽃폈나니

설레는 숲도 어버이 수령님의 그 사랑을 노래하네'

박연폭포 광장 앞

화강석 비문을 소리 내어 읽으며

아무렴 그렇지, 혁명을 고쳐 생각했네

폭포로 가는 오솔길

밤꽃 향기는 솔솔거리는데

북녘의 청춘남녀 한 쌍도 보이지 않고

피둥피둥 부르조아 반동들만 넘쳐날 때

그럼 그렇지, 내 이럴 줄 알았네

장엄한 박연폭포

폭포수 콸콸 쏟아진들

물보라가 아무리 휘황한들

이 휑한 가슴을 어찌 할거나

동짓달 기나긴 밤

한 허리를 베어내던 그 낭자

춘풍 이불 아래

서리서리 펴겠다던 그 낭자

안내문에도 암벽 석각 어디에도

흔적조차 묘연한 그 낭자,

황진이는 대체 어디로 갔소

그 반동 에미나이는 역사에서 숙청됐수다

갈마해안지구,
국제관광특구가 될 수 있을까?

◆ 갈마반도, 원산의 변신 카드

원산은 북한지역 동해안 최고의 항구다. 지도를 보면 금세 알 수 있다. 원산시 동부에서 북쪽으로 비죽이 튀어나온 반도가 갈마반도이다. 갈마반도의 위쪽에는 호도반도가 있다. 이 두 반도가 영흥만을 호위하듯 버티고 서 있다. 그리고 20여 개의 섬이 천연 방파제를 이룬 곳, 천혜의 항구가 바로 원산항이다. 애초 갈마반도는 육지와 떨어진 섬이었다. 그런데 사주(沙洲)가 시나브로 자라나서 육계도(陸繫島)로 변했다.

이곳 갈마반도의 기다란 등짝이 명사십리이다. '명사십리 해당화야/ 꽃 진다고 설워마라/ 잎 진다고 설워마라'의 그 유명한 명사십리 해수 욕장이다. 그뿐만이 아니다. 주변 관광지 또는 명승지로는 송도원해수 욕장, 울림폭포, 석왕사, 금강산, 시중호, 총석정, 삼일포를 비롯해 최근 개발한 마식령 스키장도 있다.

현재, 김정은 체제가 총력 속도전을 벌이는 사업이 바로 갈마해안 관광지구이다. 이 글에서는 김정은 체제의 국책 프로젝트인 갈마해안 관광지구에 대해 살펴보기로 한다. 본론에 들어가기 전에 원산시에 대해 살펴보자.

◆ 원산시의 어제와 오늘

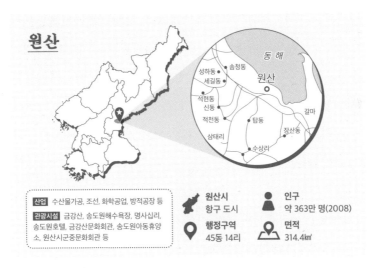

| 산업 | 수산물가공, 조선, 화학공업, 방적공장 등 |
| 관광시설 | 금강산, 송도원해수욕장, 명사십리, 송도원호텔, 금강산문화회관, 송도원아동휴양소, 원산시군중문화회관 등 |

원산시 항구 도시

인구 약 363만 명(2008)

행정구역 45동 14리

면적 314.4㎢

조선 후기까지 원산은 한적한 어촌이었다. 1876년 강화도조약 이후 1880년 개항장이 되었다. 만약 당시 원산이 개항장이 되지 않았다면 인근의 송도원 해수욕장과 명사십리도 휴양지로 뜰 수 없었다. 원산은 1945년 광복 당시에는 함경남도에 속해 있었으나 1946년 소련 군정의 행정구역 개편으로 강원도에 편입되었다. 한국 전쟁 중 유엔군과 국군에 의한 원산 상륙작전으로 1950년 원산을 점령하였다. 이후 2개월 만에 중공군의 개입으로 철수하였다. 당시 미군 B29 폭격기와 함포에 의한 대규모 원산항 폭격이 있었다. 군대 기합인 '원산폭격'이란 명칭도 여기에서 유래한다. 머리를 땅에 박은 채 엉덩이를 쳐든 모습이 마치 전투기가 폭탄 투하를 위해 급강하하는 모습과 유사한 데서 왔다고 한다. 분단 이후 원산은 재빨리 군사도시로 변했고 그 관성은 최근까지 이어졌다. 그 증거로 명사십리 해변을 따라 서울(?)을 겨냥한 장사정포가 마치 열병식을 하듯 횡대로 늘어선 사진을 본 적이 있다. 장사정포의 유효 사거리에 대한 논란을 차치하고라도 이들 수백 문의 대포들이 일시에 남한을 향해 불을 뿜는 장면은 상상만 해도 소름이 끼친다. 다음으로 1990년대 갈마반도가 공군 전용공간이었다는 사실의 증거가 되는 아래 글을 보자.

(1994년) 지금 갈마반도와 명사십리에는 일반들의 통행이 금지되어 있으며 북한인민군 주요공군기지로 이용된다. 다만 이곳 명승

지에는 인민군 고급장교휴양소가 있다. 필자(윤웅)는 1980년대 초에 아버지와 어머니 형님과 같이 이곳 인민군휴양소에서 3개월 휴양하였다. 이곳 명사십리와 송도원을 가려면 서울에서 비행기로 30분 거리다. 이곳 갈마반도에는 북한에서 최대 규모의 하나인 군용비행장이 있으므로 통일이 되면 이곳도 민용공항이 되어 한국 및 세계 여러 나라의 관광객들이 이용할 수 있을 것이다.

-출처: 윤웅 지음, 『북한의 지리여행』, 문예산책, 1995.

위 글은 1995년 당시 북한 귀순 대학생 윤웅의 기억이다. 글 속의 공군 비행장은 '원산갈마 비행장'을 말한다. 또한 시기적으로 훨씬 앞서지만 원산이 막강한 군사기지라는 증거는 또 있다. 1968년 미 정보함 푸에블로호 나포사건도 이곳 원산 앞바다에서 벌어진 일이다. 당시 북한 해군에 의해 82명의 해군 인원이 11개월 동안 붙잡혀 있다가 풀려난 사건이다. 당시 나포된 푸에블로함은 현재 원산항에 전시되어 있다고 한다. 이렇듯 원산은 군사도시였기에 다른 도시들에 비해 도시 위상은 갈수록 정체되었다. 인구도 늘지 않고 국제 교역 역시 뒷걸음칠 수밖에 없었다. 하지만 2013년 이후, 국제 관광도시로 변신을 위해 총력을 기울이고 있다. 국제적 홍보 차원에서 국제 포럼도 열었고 국제 에어쇼도 개최한 바 있다.

◆ 갈마해안관광지구

원산은 평양에서 150km 떨어져 있다. 평양-원산 관광 도로가 개설되어 있고, 서울과는 180km 떨어져 있다. 경원선 철길만 복구된다면 불과 1시간 반 이내에 도착할 수 있고, 금강산까지는 85km 떨어져 있다. 원산-금강산 고속도로도 있고, 경원선 복원과 함께 철도 연결도 계획 중에 있다. 교통망만 연계된다면 서울, 평양, 원산, 금강산이 훌륭한 패키지 관광 상품으로 묶일 수 있다는 뜻이기도 하다. 다음에는 북한 당국이 공식 발표한 갈마해안관광지구에 대한 뉴스를 옮겨본다.

원산 갈마해안관광지구(이하 갈마지구)는 조선의 관광업을 세계적 수준으로 올려 세우는 데 전환적 계기가 될 것이다. 현대적인 갈마비행장이 자리잡고 있는 이곳에 원산 갈마해안관광지구가 꾸려지면 국내외 관광객들의 관광 수요를 원만히 충족시킬 수 있을 것이다. 또한 여러 관광지와 원산-금강산 국제관광지대를 연결하는 중간 체류 장소로 아주 이상적이며 해안관광지구로 유망한 곳이다.

-통일뉴스 2018.1.2.(최대석 /'원산 갈마해안관광지구 조성사업 리뷰'에서 재인용)

윗글에서 몇 가지 사실을 확인할 수 있다. 첫째, 조선의 관광업을 세계적 수준으로 전환하겠다는 의지, 다음으로 애초 공군 전용 비행장을 민간 공항으로 전환했다는 사실이다. 마지막으로 금강산 국제관광지대와 연계하여 베드타운 내지는 중간 체류 장소를 만들겠다는 점이다. 그렇다면 갈마지구에는 어떤 용도의 건물들이 있을까?

휴양구역 1에는 10여 동의 호텔, 수십 동의 숙소, 물놀이장 등이 들어선다. 휴양구역 2에는 조선글방, 태권도장, 활쏘기 터 등이 건설되고 있다고 전했다. 실제 건설 진행속도도 빨라서 지난(2018) 5월말까지 4동의 민박숙소와 5동의 합숙, 15동의 독립봉사망들과 2동의 공공봉사망을 비롯하여 수많은 대상건물들의 골조공사가 끝나고 호텔과 영화관, 종합오락관 등 수십 개의 대상들이 골조공사 마감을 눈앞에 두고 있다.

- 출처: 민주조선 2018.6.8
(최대석 /'원산 갈마해안관광지구 조성사업 리뷰'에서 재인용)

◆ 건설공사

갈마지구 건설공사는 어떻게 진행될까? 유튜브에는 갈마지구의 건설공사를 소개하는 수많은 동영상이 있다. 십중팔구는 조선중앙통신에서 제공한 홍보영상들이다. 개중에는 미국 시민권자가 북한 안내원을 동행하여 취재한 것들도 있다. 건설엔지니어 입장에서 동영상들을 시청한 소감을 정리해 보면 다음과 같다. 북한의 대형 건설공사는 예외 없이 군인들이 주도한다. 일테면 건설회사 대신 공병부대 성격이다. 00여단, 00부대 소속의 군인들이 준공이라는 고지를 향해 돌격전을 벌이는 형국이다(요즘에는 군부대를 감추려는 의도로 '수도건설위원회'라는 이름도 있다). 그들은 축적된 기술과 고도의 기능 인력을 보유하고 있다. 이들이 건설공사를 수행할 경우 장점들이 많다.

우선 상명하복으로 일사불란한 지휘체계이다. 설계변경이 없는 한 시공속도가 빠르다. 다음으로 참여 부대들끼리의 경쟁 체제이다. 단위 건물에서 타부대보다 더 빨리 목표를 달성했을 때 표창한다. 또 다른 장점은 유사한 건설공사에 대한 경험이 축적되어 있다는 점이다. 따라서 시행착오를 최대한 줄일 수 있다는 점이다.

하지만 동영상을 보면서 안타까운 점도 많았다. 건설 분야에도 첨단장비들이 많은데 북한은 여전히 인력에 의존한다는 점이다. '만리마속도'는 알고 보면 얼마나 잔인한 구호인가? 다음으로 시공속도가 빠를수록 품질 확보가 어렵다는 점이다. 건축구조가 철골조가 아닌 콘크리트조의 경우, 강도 발현을 위해 콘크리트 타설 후 충분한 양생을 해주어야 한다. 고강도 콘크리트일수록 양생 방식이 더욱 중요한 데도 동영상에 품질관리, 품질보증 활동에 대한 내용은 전혀 소개하지 않았다. 다만 붉은 글씨로 '천년 책임 만년 보증'이라는 구호만 요란한 느낌이다. 품질을 책임질 사람은 준공 이후 50년도 못 살 텐데 말이다.

◆ 싱가포르 또는 쿠바의 바라데로

언론 보도에 의하면, 갈마해안관광지구의 모델은 싱가포르라고도 한다. 하지만 내 소견은 싱가포르 마리나베이(Marina bay)와 쿠바 방식을 융합한 것 같다. 쿠바 중에서도 국제관광특구인 바라데로(Varadero)

를 벤치마킹한 것 같다.

첫 번째 이유는 갈마반도의 지형 조건이 쿠바의 바라데로와 흡사하기 때문이다. 갈마반도는 쿠바의 바라데로에 비해 규모는 작을지라도 지형은 흡사하다. 반도이기에 외국 관광객을 격리하기 좋고, 동시에 내국인의 접근도 통제하기 쉽다.

두 번째 이유는 쿠바는 북한과 형제국 수준의 관계를 유지하고 있다는 점이다. 현재, 쿠바는 북한과의 의리(?)를 지키기 위해 대한민국과 공식 국교를 맺지 않고 있다. 다만 KOTRA 사무실만 허용하고 있다.

다음으로 북한은 출구전략(?)으로 오래전부터 쿠바식 관광 정책을 도입하고자 했다. 마지막으로 주변의 섬들도 유원지로 조성할 계획이라는 점이다. 바라데로의 경우, 주변 해상에는 숱한 무인도들이 있어 섬마다 유원지를 조성해 놓았다. 갈마반도 앞에도 20여 개의 무인도를 유원지로 개발할 계획이란다. 보면 볼수록 바라데로와 오버랩이 되는 이유다.

◆ 금강산 관광특구와 연계

금강산 관광을 할 때 비록 외금강쪽만 둘러보았지만 그만하면 금강산의 진면목도 십분 확인한 것이라고 생각한다. 백두산이 장엄하다면 금강산은 찬란하다. 백두산 천지에서 헨델의 메시아를 떠올렸다면 금강산 만물상에서는 모차르트의 미뉴에트를 떠올렸다. 그만큼 금강산은 역동적이었다. 다만 천하 명승에 찬탄하다가도 금세 눈살을 찌푸렸던 것들이 있다. 바로 마주 보이는 병풍 닮은 벼랑마다 붉은 글씨의 혁명 구호들이었다. 우리끼리 농담을 건네기도 했다.

"통일되면 저 벼랑의 붉은 글씨들을 깨끗이 지워야 할 텐데 그게 가능하겠소?"
"무슨 걱정이요. 63빌딩 유리창 청소에 비하면 저 정도는 식은 죽 먹기요!"

지금 돌이켜 생각해 보면 금강산 관광은 갈마해안관광지구를 위한 시운전 성격이었다. 다시 말해 금강산관광의 시행착오들을 십분 감안한 뒤, 보다 확실한 프로젝트를 준비한 것이 갈마지구이다. 다만 우려되는 바는 갈마지구에 전력 소요가 엄청날 텐데 여전히 발전소다운 발전소가 없다는 점이다. 이쯤에서 가장 실현 가능성이 높은 제안을 하고 싶다. 당장이라도 현 정부가 탈원전 정책을 포기하면 된다. 중단된 원전 1기만 재가동하고 송전선로만 개설하면 되니까 말이다. 육상 선로 개설이 곤란하면 해저 개설이 답이다. 이쯤에서 갈마지구와 상호 연계할 주변 명소들을 살펴보자.

◆ 마식령스키장

마식령스키장은 원산시 인근의 마식령에 있다. '산길이 하도 가팔라서 말(馬)도 쉬어가는(息) 고개(嶺)'에다 최신 스키장을 건설한 것이다. 이곳은 원산관광특구 개발계획 중 한 가지다. 본래 2013년 10월 10일에 개장하기로 되어 있었으나 집중호우와 산사태로 인해 2014년 1월 1일로 늦춰졌다. 시설은 본래 스위스, 이탈리아 등지에서 들여오기로 했으나 대북제재로 인해 수입하는 데 차질을 빚었다. 리프트 등 스키 장비는 백두산 삼지연에 있는 것을 떼어 오거나 제3국을 통해 밀반입한 것으로 충당하였다. 평창동계올림픽(2018) 개최가 확정되었을 때 북한의 마식령스키장과 더불어 남북공동 개최가 논의되기도 했으나 여러 사정으로 무산된 바 있다.

◆ 세포등판 축산단지

세포지구는 북한이 자랑하는 세계 최대 축산농장이다. 2017년 11월에 준공했다. 강원도 세포군·평강군·이천군 일대 고원지대에 약 5만 정보(495㎢) 넓이의 축산기지이다. 스위스의 선진 축산업을 벤치마킹했다고 한다. 목초지와 방풍림, 밭, 저수지뿐만 아니라 축사와 방역 시설, 메탄가스 처리시설, 사료 공장, 육가공 공장, 주택단지, 학교, 휴양소 등을 갖췄다.

'세포(洗浦)'라는 지명은 '칼을 씻은 개울'이란 뜻이다. 918년 태봉국 궁예가 앞을 가로막는 백성들을 베고 피 묻은 칼을 씻었던 데서 유래했다고 한다. 하지만 사람들은 비와 눈과 바람, 세 가지가 많아 포기한 땅이라는 설을 더 믿고 있는 것 같다. 그만큼 척박한 땅을 불굴의 의지로 개간했다는 말이다.

한편 대다수 서양인은 고기를 좋아한다. 아마도 금강산 구경은 포기할지라도 스테이크는 포기 못할 것 같다. 그들이 금강산과 갈마지구에 관광을 올 경우, 끼니마다 육고기를 먹어야 한다. 수입산으로 충당할 경우 북한 재정으로는 감당이 어려울 것이다. 이곳 세포등판지구가 정상 궤도에 오를 경우, 이곳 축산기지가 반짝반짝 빛날 것 같은 예감이다.

나선경제특구,
두만강 하구 개발과의 상생전략

◆ **나선특별시, 나진과 선봉**

남북경협재개 이야기만 나오면 먼저 들썩이는 곳들이 있다. 첫째는 물론 개성공단이다. 2016년 2월 중단 이후 국제제재만 풀리면 재개 영순위로 꼽힌다. 다음을 꼽는다면 어디일까? 바로 이곳 '나선(나진·선봉)경제특구'이고, 그다음은 금강산-원산 국제관광특구, 신의주, 황금평 순일 것 같다. 이들 지역의 공통점은 북한 영토의 거의 꼭짓점들로 국경 지역 부근에 있다는 점이다.

나선경제특구는 우리에게 낯설다. 나진과 선봉이라면 조금 알 것 같다. 이 지역은 북·중·러 3국이 국경을 맞대고 있는 지역이다. 역사적으로 보면 조선 초기 세종 김종서의 육진 개척 중의 한 곳인 경흥이 있는 곳이다. 이곳은 함경북도 경흥군이었으나 현재는 경흥군의 대부분이 나선특별시에 편입되었다. 선봉은 8·15 광복 이전에 소련군이 최초로 상륙하여 해방시킨 지역이라 지명이 '선봉'으로 바뀌었다고 한다.

나진·선봉은 1991년 북한 최초로 경제특구로 지정되었다. 그 배경이 뭘까? 1990년대 초 북·중·러 3국이 공동 개발에 합의한 두만강 하구 개발과의 밀접한 관련 때문이다. 2010년 나진과 선봉을 합해 나선특별시가 된 배경도 행정체계를 일원화하고, 경제 규모를 키우겠다는 의지일 것이다. 2015년 이 지역에 홍수 피해가 컸던 이유도 경제특구 관련 인프라 공사와 관련된 것으로 추측된다. 당시 북한 당국은 예상을 깨고 홍수 피해 사실을 대외적으로 알리면서 국제적인 구호를 요청한 바 있다.

나선경제특구 지정 초기에만 해도 국제적으로 주목을 받았는데 중도에 예기치 않았던 돌발 사태를 만났다. 그 사태란 2011년 김정일 위원장 사망이었다. 그때 이후 두만강 개발을 비롯한 나선경제특구도 돛대가 꺾인 배처럼 망망대해에서 표류하는 느낌이었다. 하지만 최근 들

나선

관곡동
신흥동
청진
청계동
지검동
신혜동
나선
역전동
창명동
남산동
신인동 동명동
안주동
유현동
혜방동
전진
동 해
소초도
구라진

📍 **나선특별시**
라진,선봉특별시
두만강 하구 조중러
3국견제특구 도시

📍 **행정구역**
20동 12리

👤 **인구**
약 196만 명(2008)

🗺 **면적**
746㎢

| 해발 | 27m | 연강수량 | 770mm |

주요교량 조러친선교(러시아 핫산과 연결)
관광지 라진항, 대초도, 비파해수욕장, 청학온천 등
산업 칠보산매리합작회사(남북합작기업), 화학, 조선, 기계공업. 축산업(유제품 외)
호텔 엠페러오락호텔(당초 홍콩자본), 라진호텔, 남산려관 등

어 부러진 돛대를 교체하고 새롭게 항해에 나서는 듯한 조짐이 풍문으로 들려온다. 나선경제특구는 현재 어떤 상황이며, 또한 어떤 미래를 준비하고 있을까?

북한의 경제개발특구는 중앙급과 지방급으로 구분되는데 나선특구는 중앙급 중에서도 가장 먼저 언급되는 곳이다. 나선시 인구는 약 20만 명(2012)으로 나선시 도심과 선봉항 인근에 집중되어 있다고 한다. 부족한 산업 인력을 충원하기 위해 집단 이주를 통하여 조만간 25만 명으로 늘릴 계획이라고 한다.

특구 개발 배경에는 인근에 두만강 하구 개발과 직접적인 관련이 있다. 다시 말해, 두만강 하구는 중국과 러시아와 인접하고 있어 일찍이 3국이 공동 개발에 합의했기 때문이다. 나는 2015년 중국 훈춘시 팡촨(防川) 지역에 있는 두만강 하구 개발 현장에 답사를 한 적이 있다. 비록 나선시는 가보지 못했지만. 두만강 하구와 나선경제특구의 연관성은 십분 이해할 수 있었다. 이 글 후반부에 두만강 하구 개발에 대해

자세히 언급하기로 한다.

◆ 지리적 입지

　나선시는 두만강을 경계로 중국과 러시아와 국경을 이루고 있다. 북동쪽으로 중화인민공화국 지린성 옌볜 조선족 자치주의 훈춘시와 접하고 있다. 하지만 중국은 두만강 하구에 가로막혀 태평양에 진출할 수가 없다. 다음으로 러시아와 국경을 맞대고 있다. 러시아의 프리모르스키 지방 하산스키 군 하산 항구와 접하고 있다. 러시아는 두만강 하구 개발에도 참여하지만, 나선경제특구에도 관심이 높다. 이유인즉, 시베리아 철도의 연결과 더불어 겨울에도 얼지 않는 항구, 소위 부동항의 확보를 할 수 있기 때문이다. 나선특구는 중국과 러시아만 관심을 기울이는 것은 아니다. 남한에도 대단히 중요한 의미가 있다. 한반도 신경제지도에서 보듯이 경의선·동해선 철도 연결을 통해 시베리아 철도와 연결될 뿐만 아니라 나진항·선봉항 통해 해운-철도 간 물류 환적도 가능하기 때문이다.

　나선시는 서울과는 약 830km, 속초와는 약 730km 떨어져 있다. 나진항은 예로부터 천연 양항이다. 일제강점기인 1932년 항만 개발 이후 한반도 최북단의 부동항으로 발전을 지속해 왔다. 나선특별시 면적은 746㎢이고 그 중 경제특구 면적은 470㎢이다. 해안선 길이는 56km이다. 8개의 만과 10개의 곶이 위치해 있다. 향후 개발 상황에 따라 얼마든지 항만 확장이 가능하다는 뜻이기도 하다.

매년 여름이면 중국인들은 나선을 즐겨 찾는다고 한다. 특히 나진 앞바다에서 잡히는 게(蟹)는 중국 상인들에게 인기가 높다고 한다. 나진 현지에서 도매로 산 뒤에 중국 시장에 내다 팔면 시세 차익이 쏠쏠하다고 한다.

◆ 나선경제특구 종합개발계획

북한은 1990년 사회주의 경제권 붕괴로 인해 중대한 정책 전환을 꾀한다. 대표적인 변화가 5대 경제특구의 지정이다. 나선경제특구, 황금평·위화도 경제특구, 개성공업지구, 원산·금강산 관광지구, 신의주 국제무역지대이다.

북한 당국은 나선특구를 북한판 홍콩으로 개발하고자 한다. 소위 '일국양제(一國兩制)'식으로 외국 자본의 투자를 유치하고, 북한 기업과의 합작을 허용하기로 한다. 또한 자유로운 경영 활동과 이윤 보장, 과실 송금도 보장한다는 뜻이다. 북한은 이 특구에 외자 18조 원을 유치할 예정이라고 한다.

2015년 공표한 종합개발 주요 계획으로 산업구 9곳과 관광지 개발 10곳이 포함되어 있다. 당초 계획으로는 산업개발 위주였으나 관광지 개발이 무려 10곳이나 포함된 걸 보면, 이미 대규모 관광지로 개발하여 성업 중인 중국 측의 상황이 상당 부분 반영된 것으로 보인다. 관광지 개발 중에는 국제회의구, 비파섬 생태관광구, 별장촌, 유람선 관광, 갈음단 해수욕장 등이 포함되어 있다. 이를 보면 육상과 해상을 망라하는 종합위락단지로 개발하겠다는 의지가 돋보인다.

종합개발계획의 면면을 살펴보면 원산갈마지구 개발 성격과도 상당 부분 닮아 있지만, 한편으로 의구심이 고개를 든다. 나선특구를 산업 측면에서 집중적으로 육성해도 어려울 텐데 '왜 해양관광까지 개발하려 할까'라는 점이다. 물론 단계적인 개발을 도모하겠지만 그래도 선택과 집중 측면에서 보면 시작단계부터 목표가 희미해지는 느낌이다. 원산갈마지구는 금강산과 명사십리가 있지만 나선경제특구는 이렇다 할 명승지도 없기 때문이다. 따라서 성공 가능성에 비해 청사진만 화려할 뿐이라는 생각마저 든다. 2015년 종합개발 계획 공표 이후, 지속되고 있는 국제제재로 인해 외자 투자가 전혀 이뤄지지 않고 있다는 점, 또한 가장 투자 기대가 높은 남한 기업들이 전혀 움직일 수 없다는 점도 있다. 남한 기업이 투자하지 않는 한 성급하게 투자에 나설 외국 투자자들이 얼마나 있겠는가.

3국 접경지대에서
남북통일을 떠올리다
– 중국 훈춘 물류포럼 및 현장 참관기

◆ 연변, 선입견과 실제 사이

연변동포, 연변처녀하면, 왠지 가난한 먼 친척 같다. 난생처음 그 연변에 왔다. 그런데 이제껏 연변(延邊 옌볜)을 도시 이름으로 잘못 알았다.

연변은 지린성(吉林省) 내에 조선족 자치구이다. 지린성 면적만 18.74만 km². 성도는 창춘(長春)으로 지린성의 면적만으로도 한반도 전체면적과 거의 맞먹는다. 연변자

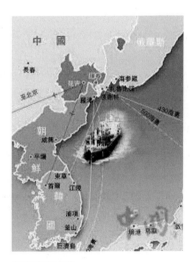

치주(지도상의 청색)는 4.27만 km², 남한 면적의 거의 반으로 경상도, 전라도를 합친 것보다 큰 셈이다. 현지에 와서야 제대로 알았다.

연변자치구에는 8개 시가 있는데, 연길시, 훈춘시, 돈화시, 도문시, 용정시 등이 있다. 연변은 청나라 말기부터 일제강점기까

연변자치주와 훈춘

3국 접경지역의 중국-일명 창지투

지 우리 조선사람들이 지속적으로 유민을 가서 정착한 땅이다. 근면·
성실한 교포들이 이 지역에 처음으로 벼농사를 도입한 덕분에 황무지
가 옥토로 바뀌었다고 한다. 황무지에 관개수로를 뚫어 두만강과 그
지류인 송화강의 물을 끌어들여 벼농사의 기적을 만들었다고 한다.

 이번에 남북물류포럼(김영윤 회장)과 한국엔지니어링협회 주관 세
미나에 3박 4일 일정으로 참석하게 되었다. 연길공항에 내려 곧장 버
스를 타고 훈춘시로 갔다. 공항에서부터 각종 안내판에 한글과 한자가
병기되어 있다. 그런데 첫 글자에 '력사', '련발', '령토'처럼 두음법칙
을 적용 않는 게 북한과 똑 닮았다. 어쨌든 중국 내 조선족의 위상을 십
분 알 수 있었다.

전망대 용호각 위용

　버스로 거의 3시간 걸렸다. 훈춘시는 중국·러시아·북한 3국 접경 지역의 중국 측 국경도시로 동해와 약 16km 떨어져 있다.

　이곳은 현재 개발 열기로 서서히 달아오르고 있다. 훈춘시와는 달리, 두만강 건너 북한 쪽이나 러시아 하산 쪽은 여전히 겨울잠에 빠져 있는 듯 한적하다. 훈춘에서 북한 쪽으로는 국경관문인 취안허(권하세관), 이곳을 지나면 북한 원정리, 나진항으로 연결된다.

　훈춘시에 있는 고층 누각 전망대 용호각에 갔다. 이름부터 카리스마가 느껴진다. 높이도 무려 67미터! 모습 또한 난공불락의 포대를 닮았다. 마치 3국 공동개발 전체 지역을 자기 휘하에 두고 거느리겠다고 선수를 치는 것 같이 느껴진다.

두만강 삼각주 개발계획(중국측)

　발아래 두만강이 흐르고 건너편이 북녘땅이다. 동쪽으로 보면 러시아, 남쪽으로는 북한 땅이다. 이 지역은 1992년부터 UNDP에 의해 개발 계획을 수립한 이후, 중국 훈춘시의 방천(防川)지구만 천지개벽 중이고 인접한 두 나라는 아직 잠잠했다. 전망대에서 몇 가지 의문이 들었다.

　첫째, 대개 물류단지는 항구와 인접하여 배치하는 것이 상식이다. 언뜻 드는 생각은 왜 이렇게 내륙 동해에서 16km, 나진항에서 60km에다 건설할까하는 의문이다. 둘째, 비교적 활발한 방천지구에 비해, 러시아 사하지역과 북한의 두만강 지구는 왜 아직도 잠잠할까? 셋째, 두만강에는 하운(河運) 계획도 있는 걸까? 일테면 피드선 또는 바지선으로 이곳 물류창고에서 동해의 러시아 항구 자루비노항까지 운항하는 일도 두만강 위에 장차 유람선 운항도 기대할 수 있는 걸까?

하지만 현재, 두만강 위에는 거룻배 한 척만이 한가로이 떠 있을 뿐이다.

◆ 두만강 하류의 변신

아하, 무사히 건넜을까, / 이 한밤에 남편은 / 두만강을 탈 없이 건넜을까? / 저리 국경 강안(江岸)을 경비하는 / 외투(外套) 쓴 검은 순사가 왔다갔다 / 오르명 내리명 분주히 하는데 / 발각도 안 되고 무사히 건넜을까?…….

—김동환 『국경의 밤』 일부

이 시에서처럼 일제강점기 동안 두만강은 살벌한 국경이었다. 지금은 어떤가? 국경이 아니라 나라 사이 '경계'를 넘어, 공동번영을 보장하는 무대로 바뀌어간다. 이곳 훈춘의 3국 접경지대에 와보니 그 변화를 실감한다.

연변자치주의 훈춘, 조선족 동포들의 도시, 천 년 전 해동성국 발해의 2번째 수도가 있었던 곳! 이 정도 상식만으로는 한참 부족했다. 일행 중 3년 전에 훈춘에 왔던 사람도 혀를 내두른다. 상전벽해같은 변화라고 한다.

나는 남북통일이 언젠가는 되겠지만 아득한 먼 훗날의 일이라 여겼다. 하지만 이곳에 와서 보니 생각이 달라진다. 통일이 마냥 아득한 미래가 아니라, 잘만하면 10년 이내에, 아니 5년 이내라도 가능하겠다는 생각이 들었다. 그 첫 번째 근거가 조찬 세미나였다.

주제는 '북·중 접경지역 인프라 물류 분야 투자 현황과 전망', 발제자는 훈춘 포스코현대국제물류유한공사의 연제성 대표였다. 1시간 특강을 듣고 질의응답 시간도 가졌다. 궁금한 것은 못 참는 성미라 앞에 예로 든 질문을 했다. 요지는 이곳에 와서 보니, 중국 측만 속도를 내는 것 같다. 일테면, 중국과 북한의 관문인 단동과 훈춘에도 최근 고속철 개통을 했다. 하지만 제가 알기로 북한의 철도는 평균 속도가 시속 60km에도 못 미친다고 들었다. 북한의 철도를 현대화하는 계획은 없는가? 북한 쪽 두만강 지구에는 어떤 개발을 할 것인가? 등, 속 시원한 답은 듣지 못했지만 배경지식을 듣게 되었다.

◆ **포스코현대 국제물류단지 답사**

다음으로 포스코현대국제물류단지 건축현장을 방문했다. 단지 규모는 45만 평, 가로 세로가 600m×1,600m였다. 중국 정부가 한국 측의 참여를 이끌어내기 위해 훈춘시 정부가 전폭적인 지원을 해주었다고 한다.

대개 3통, 4통만 해준다는데, 중국 정부와 훈춘시가 얼마나 간절했으면 이토록 파격적이었을까.

소위 '7통', 기업을 위한 일곱 가지! 기반시설을 허허벌판에 깔아주었다고 한다(도로, 상수도, 하수도, 전기, 통신, 에너지, 철도가 그것이다).

물류단지 현장은 여전히 공사 중이었다. 한쪽에서는 이미 영업 중이고, 다른 쪽에서는 막바지 창고 건설이 진행 중이었다. 현장 내 냉동 창고 내부도 구경했다. 영하 15도로 창고 안에는 러시아산 고등어 상자들이 가득했다. 연제성 대표에 의하면, 지난 1년 동안 현장 방문을 한 사람이 무려 2천 명이 넘었다고 한다. 대다수가 중국·한국의 고위 관료들과 물류 비즈니스 관련자들이라고 한다.

다음으로, 도문시와 북한의 남양시를 연결하는 다리를 찾았다. 관광객들로 북적이는 도문 쪽과는 달리, 남양시 쪽은 여전히 긴 동면에 빠져있는 느낌이다.

누가 저 긴 겨울잠을 깨울 것인가? 두만강의 북쪽, 방천 지구에 부는 훈풍이 건너편의 겨울잠을 어서어서 깨우기를 기대해 본다.

◆ 백두산 천지에서

여행 3일째, 난생처음 백두산을 찾았다. 내 또래치고 백두산에 안 가본 이는 드물다. 그런데 나는 이제야 왔다. 변명 같지만 예전에 금강산과 개성을 차례로 다녀온 뒤, 백두산은 중국 쪽이 아니라 북녘땅을 밟고 갈 때까지 아껴두기로 했는데 마침 변심할 기회를 만난 것이다.

날씨 쾌청! 원시림 사이 일직선 도로를 벗어나 12인승 셔틀버스로 갈아탔다. 오르막길은 구절양장. 그런데도 버스는 잘도 달린다. 얼마 전 전복사고가 났던 그 길, 가이드 레일이 찌그러진 곳이 많았지만 그래도 아주 튼튼해 보여 내심 안심이 됐다.

백두산 입구

차창 밖은 일찌감치 민둥산맥, 황량하지만 장엄하다.

이윽고 주차장, 도보로 30분 남짓, 정상으로 가는 오르막길이 장사진이다. 어디서 이 많은 인파가 왔을까?

드디어 천지! 깎아지른 절벽에도, 시퍼런 호수 위에도 새 한 마리 날지 않는다. 태고의 침묵이다. 활화산의 징조는 대체 어디에 있단 말인가? 백두산 등정에 거의 정상까지 버스를 타고 오르고, 나머지는 채 30분도 안 되는 도보로 올라 곧장 천지를 보다니……. 지난번 한라산은 무려 5시간 넘게 걸어서야 정상에 설 수 있었는데…….

그래도 천지의 신비감은 대단했다. 한라산 백록담은 바닥까지 마른 날이 많은데, 천지는 여름에도 시퍼런 얼음장 같은 호숫물에다 태고의 침묵까지 간직하고 있으니 말이다.

천지를 보러온 사람들은 줄잡아 7할 이상이 중국인들, 애초 예상보다 한국인 숫자는 그리 많지 않았다. 내지인 창춘 사람들, 선양 사람들이 꽤 많았다.

왜 그럴까? 자료를 보니, 이곳 장백산은 청나라를 세운 만주족의 성산! 청나라의 건국(1636)과 함께 장백산 기슭의 만주족들은 베이징으로 대거 이주했고, 이곳 장백산 기슭은 성지로 봉쇄했다고 한다. 그 기간이 무려 250여 년, 1800년대 중반에 와서야 조선에서 유랑민들이 이주하기 시작했고, 1800년대 후반에 이르러서는 조-청 간에 협약까지 개발 이민을 받기에 이르렀다고 한다.

장백산도 있고, 백두산도 있다. 하지만 장백산맥은 있는데 백두산맥은 없다. 혹자는 백두산에서 흘러내린 태백산맥이 있지 않으냐고 하겠지만, 왠지 궁색해진다.

말인즉슨, 백두산이 우리 한민족의 성산이라고 하여, 그들의 장백산 신앙까지 무시해서는 곤란하다는 얘기이다.

내려오는 길에 장백폭포에 들렀다. 계곡을 따라 올라가니 코끝에 유황 냄새가 스친다. 계곡 바닥에서 안개 같은 김이 솟아나고 있는 게 아닌가. 하지만 아소산이나 타이완의 아리산의 그것에 비하면 이 정도는 너무 미약하다. 일부 전문가들이 주장하는 화산 폭발 가능성은 너무 과장된 것만 같다.

장백폭포의 위용은 대단했다. 이백이 이 폭포를 보았다면, '飛流直下三千尺'이 아니라 '伍千尺'으로 읊었을 것 같다. 문득 시구가 떠오른다.

'내려올 때 보았네, 올라갈 때 보지 못한 그 폭포!'

◆ 통일은 언제 어떻게 올까

우리의 소원은 통일, 꿈에도 소원은 통일……. 우리는 그저 입버릇처럼 통일을 외쳐온 건 아닐까? 그래서 어느새 무덤덤해진 건 아닐까? 누군가에게 들었던 독일 얘기가 생각난다.

지인 중 한 사람이 2014년에 동서독 통일의 현장 답사 차, 독일 드레스덴을 찾았다고 한다. 거기서 통독 정책 관료에게 몇 가지를 물었더니, 그분의 대꾸 왈, 당신들은 20년 전에도 물었던 그 질문을 아직도 반복하느냐고 핀잔(?)을 주더라고 했다. 한국인들은 이제나저제나 똑같은 질문을 반복하고 있다는 뜻이다. 나 역시 수십 년 동안 입으로만 통일을 들먹인 것 같아 뜨끔했다.

과연 남북통일은 언제 어떻게 올까? 한밤중 도적처럼 닥칠까? 아니면 오매불망 애태우며 뒤늦게 올까? 사람들은 십중팔구 후자라고 할 것이다.

그런데 이번 답사를 계기로 나의 생각은 확 달라졌다. 통일은 전자도 후자도 아니지만 비교적 빠르게 올 것 같다. 비록 그 관문이 첩첩이 열두 대문 같을지라도 마스터키 하나로 한꺼번에 열어젖힐 것 같다는 말이다. 이제 그 근거를 들어보겠다.

첫째, 훈춘 방천지구의 개발속도가 상당한 점이다. 북 · 중 · 러 3국 접경 지대, 방천지구에만 45만 평 포스코 현대 국제 물류 단지가 완공 직전에 있고, 벌써 영업 중이다. 또한 장춘-훈춘 간 고속철이 지난 9월 21일 개통되었다. 중국 정부가 얼마나 적극적인지 십분 알 수 있다.

둘째, 러시아가 재정난 타개를 위해 시베리아 천연가스를 한국에 팔려고 적극적인 점이다. 천연가스를 운반할 가스관은 반드시 북한을 통과해야만 한다.

셋째, 경원선 철도(서울-원산)의 단절 구간에 대한 복원 기공식이 지난 8월 5일 있었다는 점이다. 이는 결코 정부가 일방적으로 결정한 사업일 수 없다.

넷째, 중국과 러시아가 경제적 돌파구를 위해 공동으로, 김정은 정권에 개방 압력을 넣고 있는 점이다. 기실 3국 접경지대의 두만강 지구 개발은 이미 1992년 UNDP(유엔개발계획) 때부터 공동개발이 전제된 사항이며, 그 결과 현재 두만강 지구 개발로 합의된 사항이다.

다섯째, 포스코 현대 국제물류단지 내에 북한 기능공(1,000명 수용) 숙소가 이층침대 기숙사형으로 이미 완공되어있는 점이다.

이들 말고도 방천지구가 연변 자치주 내라는 점, 또한 이곳의 발전에는 교육열 높은 조선족의 후예들이 크게 이바지할 것이라는 점 등등, 긍정적인 이유는 아주 많다.

어쨌든 현지답사를 한 뒤, 내 생각도 바뀌었다. 뭐랄까? 우리가 모르

동면 중인 북녘의 두만강 지구

는 사이에도 통일 대비 물밑(?)작업이 착착 진행되고 있었다.

결과적으로, 우리가 한눈팔고 있는 사이에도 통일은 성큼성큼 다가오는 느낌이다. 그 시기는 내가 느끼기에는 5년도 긴 것같이 느껴졌다.

올 것은 그냥 둬도 제샛날 오듯 온다. 어느 시인의 시구처럼, 통일역시 언젠가는 오겠지만 지성이면 감천! 모두가 간절히 원한다면 그통일은 더욱더 빨라지지 않겠는가. 비록 변방에 있는 기술자지만 통일을 앞당기는 데 일조를 해야겠다는 다짐을 해본다.

이 글은 2015년 9월 23~26일까지 중국 훈춘시에서 열린 남북물류 포럼 세미나와 통일 전망을 다룬 내용이다.

신의주 경제특구,
개발 주도권은 누가 쥘 것인가

◆ **신의주 훈풍의 내력**

신의주는 북한경제의 숨통이다. 지금도 북·중 교역의 70~80% 정도를 차지하고 있다. 가뜩이나 국제경제 제재가 지속되는 현재, 북한경제의 중국 의존도를 대변하는 신의주의 중요성은 더 말할 나위가 없다. 지난 2002년 신의주는 일찍이 특별행정구로 지정되었다. 북한이 공표한 5대 경제특구 중 가장 앞선 곳이었다.

당시 김정일에 의해 중국인 양빈(楊斌·55) 씨가 특구 행정장관으로 임명되었다. 당시만 해도 중국 단동과 공동 개발을 둘러싸고 황금평과 위화도까지 들썩거렸다. 하지만 임명 개발책임자인 양빈 씨가 1주일 만에 중국 정부에 의해 뇌물 제공 및 탈세 혐의로 전격 구속된다. 전격 구속 이면에는 특구 개발을 둘러싼 북·중 간의 주도권 싸움이 있었다는 견해가 지배적이었다. 그때 이후 신의주 특구 개발을 표류하기 시작한다.

압록강 하구 개발은 신의주특구 지정 훨씬 이전에 시작되었다. 김일성은 1958년 압록강 하구에 있는 5개 섬과 간석지를 연결해 인공섬을 조성한 뒤, 이를 비단섬으로 명명했다. 그 비단섬은 지금은 신도로 불린다. 김정일은 신도군을 중국 선전 경제특구처럼 개발하겠다는 구상을 꾸준히 밝혀 왔다.

20011년 6월 황금평과 위화도를 '황금평 경제지대'로 지정한 뒤 2012년 북·중 간에 개발 합의를 하고 베이징에서 황금평 특구 착공식을 개최한 바 있다. 그러나 이 사업을 총괄했던 중국통 장성택 국방부 위원장이 전격 숙청되면서 다시 표류했던 것이다.

2002년 신의주 특구 지정 이후 무려 16년이 흘렀다. 오랜 겨울잠에 빠진 듯이 잠잠했던 신의주가 최근 들어 기지개를 켜고 있다. 북·중 간에 '신의주 특구'를 재차 공동 개발하기로 합의했다고 한다.

신의주 경제특구는 그동안 북한 당국의 딜레마였다. 북한은 신의주 특구 개발을 하기엔 자본도 기술도 없다. 현실적으로 중국 측에 의존

신의주

관광지	통군정, 압록강대교, 신온온천, 동림폭포
산업	기계, 화학, 방직, 제약, 신발, 피복, 목재 등
호텔	압록강여관, 해방산호텔

신의주
압록강의 조중우의교를 통해 중국 단동시와 연결

행정구역
49동 9리

인구
약 359만 명 (2008)

면적
180㎢

해발
5m

연강수량
1,066mm

■ 특별행정구역 편입지역

할 수밖에 없는데 중국 측은 투자와 동시에 개발 주도권을 쥐겠다고

한다. 예컨대 특구 지역을 99년 임차하는 방식으로 홍콩과 선전처럼

개발하겠다는 구상이다. 그러나 북한 당국으로선 자존심이 허락하지 않는다. 중국의 자본과 기술만 빌리고 싶을 뿐 개발 주도권을 자신들이 쥐겠다는 식이었다. 양측의 밀당에 무려 16년을 소모했던 셈이다.

바야흐로 압록강 하구 신의주에 다시 훈풍이 불고 있다. 한 도시의 발전 비전을 읽는 방법은 여러 가지가 있다. 그중에 하나로 그 도시의 개발 역사를 살펴보는 것이다. 신의주의 개발 역사에 주목해 보자.

신의주 이전에 의주가 있었다. 의주는 압록강 하구에 있는 도시이다. 압록강은 조선 때만 해도 평안(북)도의 대동맥이었다. 압록강의 상류로부터 건축용 목재(뗏목)는 물론 다양한 농산물들이 쉴 새 없이 하구로 실려 왔다. 또한 조선과 중국의 경계에 위치했기에 국경 요새가 있었다. 이를 증명하듯이 지금도 통군정(統軍亭)이 남아 있다.

다음으로 '책문후시(柵門後市)'라는 국경 무역의 큰 장이 열리기도 했다. 이들 교역의 주인공들이 바로 의주 상인이었다. 예컨대 중국과의 인삼 무역을 주도한 거상 임상옥((林尙沃, 1779년~1855년)도 이곳 의주 출신이다. 그의 활약상은 최인호의 소설 '상도(商道)'로, 또한 원작 소설을 바탕으로 TV 연속극 '상도'로도 대단한 인기를 누린 바가 있다.

그뿐만이 아니다. 의주는 조선의 개국 군주 태조 이성계(李成桂)가 위화도 회군을 한 곳이기도 하고, 임진왜란 때는 선조 임금이 의주까지 몽진한 뒤 강 건너 중국으로 망명까지 고려했던 곳이기도 하다.

◆ 경의선과 신의주

　의주가 저물고 언제부터 신의주가 떠올랐을까? 일제강점기 이후 서울과 신의주 간에 경의선 철도(1906)가 개통되면서부터이다. 총 길이 499km였다. 신의주역이 생기고, 1911년 신의주항이 건설되면서부터 사람과 화물이 집산된다. 1911년 중국 안동(지금의 丹東)과 신의주 간 압록강 철교가 완공되면서 일제는 대륙 진출의 날개를 달게 된 셈이었다. 신의주는 일제의 대륙 침략을 위한 군사도시로 개발되었다고 해도 과언이 아니다. 물론 건너편 단둥 역시 일제에 의해 신의주와 함께 개발되었다. 일제강점기 지도에 의하면, 압록강 양안의 두 도시, 신의주와 단둥의 도심 가로(街路)가 격자형으로 조성된 것을 알 수 있다. 경의선 준공 이후, 신의주와 단둥에는 일본 본토로부터 식민(植民)이 지속적으로 이루어졌다. 조선 질소비료 등 산업시설도 속속 들어서게 된다. 이리하여 신의주는 하루가 다르게 신흥도시로 부상하기에 이른다. 상주인구와 산업시설의 증가, 그리고 일제에 의한 꼭두각시 국가 만주국의 전력 수요도 급증하게 된다. 전력 수요를 획기적으로 해결하기 위해 일제는 압록강 중류에 수풍(水豊)댐을 건설하기에 이른다.

　1937년 8월 18일 압록강 수력발전주식회사가 설립되었다. 건설 당시 발전기는 독일의 지멘스와 일본 도시바가 제작 공급할 계획이었다고 한다. 그러나 제2차 세계대전의 전황이 악화되면서 독일제 발전기는 도착하지 못했다. 건설공사는 1937년 시작 되어 1941년 저수를 시작, 1943년 4기의 발전기가 장착 되어 1944년이면 발전을 할 수 있게 되었다. 이곳에서 생산한 전기는 만주국과 조선에 반씩 나누어 송전하고, 조선에 송전한 전기는 1/3을 조선 질소비료가, 나머지를 민간에서 사용했다고 한다.

수풍댐은 한국전쟁 기간에는 유엔군에 의해 세 차례 공습을 받았다. 댐 규모는 준공 당시에는 아시아 최대였으며, 미국 후버 댐과 윌슨 댐 다음으로 세계에서 세 번째로 큰 수력발전소였다.

◆ 신의주 인프라

신의주는 현재, 평안북도 도소재지이다. 행정구역상 면적은 약 180km², 인구는 약 36만 명이다. 인구 순위(2008) 기준으로 평양, 함흥, 청진, 남포, 원산에 이어 6위이고, 7위인 단천이 뒤를 쫓고 있던 셈이다. 신의주는 일제강점기 국경의 관문 도시이자 국경무역의 도시로 급성장했고, 그 관성은 현재까지 지속되고 있다. 현재, 신의주의 인프라 현황을 살펴보자.

철도 및 도로

기존의 철도 인프라는 1906년 개통된 경의선으로 현재는 평의선으로 남아있다. 평양-신의주 간 224.8km이다. 평의선의 종착역인 신의주역이 있다. 평의선은 전구간이 전철화되어 평양-베이징 간 국제열

차 운행도 가능하다. 1932년 베를린 올림픽에서 마라톤 금메달을 땄던 손기정 선수도 이 철도를 이용하여 하얼빈을 경유, 시베리아철도를 이용했다고 한다. 또한 2018년 3월 하순, 김정은 위원장의 베이징 방문 역시 이 철도를 이용한 바 있다.

다음으로 평의선 이외 철도 노선으로 덕현선(신의주~의주 37.2km), 평북선(정주~ 청수 121km), 백마선(남신의주~염주 44km)이 있다.

남북철도 연결사업은 곧 북한철도 현대화 사업과도 직결된다. 아시다시피 북한철도는 평균 시속 40km 정도로 낙후된 상태이기 때문에 현대화가 시급하다. 또한, 북한 철도를 현대화할 경우, 과연 어떤 수준을 목표로 할 것인가도 관건이다. 예컨대 시속 100km로 할 것인가, 아니면 시속 300km 이상 고속철로 할 것인가이다. 만약 고속철로 한다면 기존 선로의 개선이 아닌 전체 구간을 신설해야 한다.

이 프로젝트는 지난 2013년 고속철 건설공사가 당시 남북과 중국 3자 간 계약된 바 있었지만, 돌발 사태로 인해 중단되었다. 만약 국제 제재가 풀릴 경우, 영순위로 추진될 프로젝트임이 틀림없다.

다음으로 신의주의 도로 인프라는 평양~신의주간 1급 도로 228.8km가 있다. 이 도로는 평의선과 나란하지만 포장 구간이 82.7km 이다. 따라서 도로보다 철도 의존율이 상당히 높은 편이다. 추진하고 있는 개성-평양-신의주 고속철 프로젝트와 함께 고속도로 건설도 조만간 추진될 예정이라고 한다. 만약 고속도로가 건설될 경우, 중앙에 복선 고속철을 배치하고, 양쪽으로 고속도로 편도 4차선을 건설할 계획이라고 한다.

항공 분야

의주비행장은 의주군과 접하는 지역인 북동부 고성동에 있다. 군·민 공용 공항으로, 신의주시의 도심에서 북동쪽으로 약 10km 떨어져 있다. 이 공항 서쪽으로는 위화도와 압록강, 중국 단동시가 있다. 의주비행장은 조선인민군이 관리하고 일반적으로는 군사기지로 운영되며, 극히 제한적으로 민항의 화물 운송에 쓰인다.

신의주 비행장은 신의주시 도심에서 남동쪽으로 불과 1.5km 떨어져 있다. 이곳은 한국전쟁 당시 미군의 공습을 가했던 비행장(길이 990m의 비포장 활주로)으로 2000년대 후반부터는 헬리포트(헬리콥터 전용 비행장)로만 사용되고 있다.

수운(水運) 분야

용천항과 함께 신의주항이 있고, 유람선과 화물선이 한 차례씩 출항하고 있다. 하지만 압록강 상류에서 밀려오는 토사로 인해 무역항의 기능은 기대할 수 없다. 다만 압록강 물길을 이용한 뗏목 운반과 하류에 산재한 섬들을 잇는 수로 역할을 할 뿐이다. 압록강 철교 아래 강물 위에는 화물선 한 척 보이지 않는다. 상류에서 밀려온 토사의 퇴적으로 인해 화물선 운항은 불가능하다.

압록강철교(朝中友誼橋)

공식 명칭은 조중우의교이다. 북한 신의주시와 중화인민공화국 단둥(단동)을 연결하는 다리이다. 신의주와 달리 단동 쪽에는 고층빌딩들이 솟아있다. 압록강철교는 압록강변에 위치해 있으며 차량과 보행자도 통행할 수 있다. 1911년 당시 철교 아래로 대형 선박이 통과하기 위해 안둥 방향 4번째 경간을 회전식 개폐 장치로 설치했다고 한다. 처음에는 단선 철교로 개통되었고 1943년 압록강 상류 쪽에 복선 철교가 개통되었다. 다리 길이는 944m이다. 1km가 넘는 한강 위 다리보다 압록강 다리가 짧다는 사실을 알 수 있다.

신압록강대교

신압록강대교는 중국 측이 건설비용을 전액 부담하여 건설되었다. 2010년 착공하여 2014년 준공되었지만, 연결 도로 및 신의주 세관 등 부대시설이 건설되지 않아 그동안 개통을 미뤄왔다. 언론 보도에 의하면, 중국 측이 추가 건설비용을 지원하여 부대시설 준공에 박차를 가하는 중이라고 한다.

기존의 북·중 물동량은 압록강 철교를 이용 중인데 도로 상태가 부실하고 과적 차량으로 인해 항상 위험을 안고 있다고 한다. 설상가상 오전에는 중국 측에서 북한으로, 오후에는 북한에서 중국으로 일방통행을 하는 바람에 화물 적체도 심각한 상태라고 한다. 신압록강대교가 조만간 개통되면 북·중 교역량은 크게 증가할 전망이라고 한다.

함흥, 최대 공업도시의 성장잠재력을 묻다

"북녘 도시에는 수도 평양과 기타 도시들이 있다"라는 말이 있다. 하지만 함흥은 기타 도시로 취급되기를 거부한다. 평양이 정치의 중심이라면 함흥은 과학기술의 중심이라 할 수 있다. 예나 지금이나 함경도 사람들은 함흥을 여전히 평양의 라이벌로 여긴다. 그 이면에는 함흥이 북한 최대의 공업도시라는 든든한 버팀목이 있다. 함흥이 화학공업의 중심이 된 계기는 일제강점기 때부터다. 대표적으로 흥남비료공장(1930)을 들 수 있는데 일제는 함흥을 만주 침략(1931)에 이어 태평양전쟁(1941~1945) 수행을 위한 군수기지로 만들었던 것이다. 또한 그 관성에 힘입어 김일성이 한국전쟁을 감행하게 된 든든한 배경 역시 함흥이었다고 한다. 함흥은 한국전쟁 동안 미군 공습에 의해 처참하게 파괴되었다. 초토화된 함흥을 다시 일으킨 힘은 동독을 위시한 사회주의권 나라들이었다.

함흥은 북한 당국의 정치구호인 자력갱생(自力更生)의 상징 도시이기도 했다. 아시다시피 '자력갱생'은 '자신의 힘만으로도 생존을 추구한다'는 뜻이다. 쉽게 말해 '경제적 자립'을 뜻한다. 이를 위해서 중공업과 경공업 그리고 농산물을 자체로 생산, 공급하며 내부의 자원과 기술로 모든 수요를 충족시킬 수 있도록 하는 것이 원칙이다. 하지만

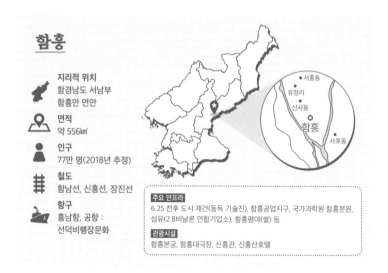

함흥

지리적 위치
함경남도 서남부
함흥만 연안

면적
약 556㎢

인구
77만 명(2018년 추정)

철도
함남선, 신흥선, 장진선

항구
흥남항, 공항 :
선덕비행장문화

서흥동
유정리
신사동
함흥
사포동

주요 인프라
6.25 전후 도시 재건(동독 기술진), 함흥공업지구, 국가과학원 함흥분원,
섬유(2.8비날론 연합기업소), 함흥평야(쌀) 등

관광시설
함흥본궁, 함흥대극장, 신흥관, 신흥산호텔

그 꿈은 아직도 실현되지 않았다. 1990년대 초 러시아연방의 붕괴와 함께 환상이 깨졌고 그 이후에도 숱한 우여곡절을 겪은 바 있다. 결국 자력갱생의 한계를 절감한 김정은 체재는 꼭짓점 도시마다 경제특구를 선포하기에 이른다.

　요즘 들어 함흥이 내리막길을 걷고 있는 느낌이다. 가장 큰 원인을 든다면, 개성공단(2000~2016) 개설과 함께 남북경협 이슈를 들 수 있겠다. 그도 그럴 것이 남북경협과 경제특구를 들먹일 때마다 소위 국경에 있는 꼭짓점 도시들만 주목받기 때문이다. 예컨대 개성, 신의주, 나선(나진 · 선봉), 원산 등에 세계의 이목이 집중될 뿐이니 말이다.

◆ 성천강과 만세교

　함흥에는 성천강이 흐른다. 함흥을 도시로 키운 젖줄은 성천강이다. 함흥은 내륙의 도시지만, 성천강이 있기에 내륙의 항구이고, 그래서 옛 지명도 함주(咸州)였다. 또한, 성천강의 하구에 흥남 부두가 있다. 흥남(興南)은 함흥의 남쪽에 있다는 뜻이다. 흥남은 행정구역상 한때 흥남시로 독립되었지만 현재는 함흥시 흥남구역이다. 함흥과 흥남 부두의 관계는 평양과 남포항의 그것과 흡사하다. 흥남항로 아래쪽에 원산항이 자리하고 있다.

◆ 이쯤에서 이중환(李重煥, 1691~1756)의
택리지(擇里志)에 있는 함흥을 살펴보자

함흥성(咸興城)은 군자강(君子江) 가에 있고 강 위에는 만세교(萬世橋)가 있는데 다리 길이가 5리나 된다. 성 남문 위에 낙민루(樂民樓)가 있어 온 고을 경치를 온통 차지하였으며, 평양 연광정과 서로 첫째, 둘째를 다툰다. 그러나 들판이 휑하게 뻗쳐 멀리 바다와 접하였고 풍기가 웅장하고 사나워서 평양의 수려하고 섬세한 아름다움에는 미치지 못한다.

들 복판에는 태조가 왕이 되기 전에 살던 옛집이 있다. 지금은 그 안에 태조의 화상을 모셔놓았고, 조정에서 관원을 보내 수호하며 때를 맞추어 제사하여 본조의 풍패분유(風沛分榆 : 풍패는 한나라 고조의 고향으로 제왕의 본관을 지칭함)의 고을로 삼았다. 택리지에 언급된 함흥을 보면, 성천강의 옛 이름이 군자강이었다는 사실을 알 수 있다. 만세교는 지금도 성천강 위에 걸려 있다. 만세교는 태조 이성계가 작명한 것으로 후대 군주들의 만수무강과 만세까지 번영을 기원하는 뜻이다. 만세교는 최초 건립 이후 장구한 세월 동안 부서지고 다시 짓기를 거듭했다. 가까이는 1905년 러일전쟁 당시 퇴각하던 러시아군이 방화하여 소실되었다고 한다. 1906년 일본공병대가 목조로 가설을 시작하여 1908년 준공을 했는데 무진년 대홍수에 유실되었다고 한다.

이후 함흥시에서 철근콘크리트조로 재가설했고, 당시 국내 최장의 다리였다고 한다. 6·25 전쟁 당시에는 중공군의 남하를 저지하기 위해 이 다리를 표적으로 미군이 공습하여 파괴되었고, 1960년대에 재가설 되었다고 한다. 이처럼 만세교 가설의 역사만 봐도 함흥의 역사가 고스란히 담겨있다고 해도 과언이 아니다.

◆ 함흥, 평양의 라이벌

함흥은 평양의 라이벌이다. 평양 냉면의 맞수로서의 함흥 냉면만이 아니다. 도시 규모보다 정서적으로 더 그렇다고 한다. 평양이 북한의 수도지만 함흥 사람들은 절대 기죽지 않는다고 한다. 북한 정권의 초창기 권력 투쟁 과정에서 평안도 출신과 함경도 출신이 앙숙이었다고 하는데, 1990년대 식량 위기 당시 함경도 지역을 홀대하는 바람에 더욱 악화되었다고 한다.

평양에 무궤도전차가 있다면 함흥에도 무궤도전차가 있다. 평양역사가 거창하다면, 함흥역사 역시 거창하다. 평양의대가 있다면 함흥의대가 있다. 또한 평양대극장이 있다면 함흥대극장이 있다. 그뿐만이 아니다. 우스갯소리 중에 평양에서 김일성 부자(父子) 동상을 지어놓고 함흥에는 절대 평양의 동상보다 크게 짓지 말라고 했단다. 그랬더니 함흥에서는 동상 크기는 작은 대신 동상을 산꼭대기에다 지었다고 한다. 작지만 훨씬 더 높은 곳에 지은 것이다.

◆ 함흥의 도시 변천

도시도 유기체와 같아서 흥망성쇠를 거듭한다. 흥망성쇠의 원인은 집단 이주, 전염병, 전쟁, 철도 신설, 신도시 건설 등 실로 다양하다. 하지만 강 중심으로 본다면, 도시는 강의 상류에서 시작하여 하구로, 즉 바닷가 항구로 옮겨간다. 달리 말하자면, 도시는 다른 도시와 교역을 위해 강을 교통로로 이용하기 때문이다. 수심이 얕은 곳에서 시작하여 수심이 깊은 쪽으로 옮겨간다. 왜냐하면, 수심이 얕은 곳은 상류에서 밀려오는 토사(土砂)가 퇴적되어 배가 운항하기 어렵게 되기 때문이다. 또한, 선박 건조기술과 항해술의 발전으로 선박들이 거대해지는 이유도 한몫했다.

함흥이란 도시 역시 성천강 하구에 흥남항이 있어서 서로 윈윈 할 수 있고 또한 흥남항 아래쪽의 원산항과도 협업 체재를 구축할 수 있다. 따라서 함흥의 성장 잠재력은 여전히 막대할 것이다.

청진, 제철(製鐵)과
항만 도시를 넘어서는 꿈

◆ 청진, 북한 제3의 도시

"평양 다음으로 함흥이다!" 여기에 이의를 제기하는 도시가 곧 청
진이다. 청진의 스케일도 함흥 못지않다는 뜻이다. 청진 역시 함흥처
럼 일제강점기 이래 공업도시로 성장했다. 함흥이 흥남비료공장을 위
시한 화학공업 위주라면 청진은 제철, 제강 위주이다. '북한의 포항제
철'이라 할 수 있는 김책제철연합기업소(이하 김책제철소)가 있기 때문
이다. 또한 청진은 동해안에서 원산 다음가는 청진항이 있고, 철도 및

도로 등 사통팔달 교통망을 자랑한다.

청진의 지명은 '푸른 바위가 있는 청암산(靑巖山) 앞에 위치한 나룻가마을'에서 유래했다. 처음에는 푸를 '청(靑)'자를 쓰다가 후에 맑을 '청(淸)'으로 바꿨다고 한다. 청진은 일제강점기 들어 철강도시로 성장했지만 마냥 근육질 도시가 아니다. 놀랍게도 북한 최고의 패션 도시로도 꼽힌다. 언젠가 종편방송에서 소개한 청진 여자들의 패션 관련 우스개가 떠오른다. 외신 기자들이 북한의 퍼스트레이디, 리설주의 옷맵시에 대해 '너무 파격적인 복장'이라고 했다고 한다. 그런데 이를 두고 청진 여자들이 이구동성으로 '너무 촌스럽다!'라고 했단다. 그도 그럴 것이 청진 여자들은 평양 여자들이 감히 입을 엄두도 못내는 스키니진이나 나팔바지도 용감하게 입는다고 하니 말이다. 재미있는 점은 리설주가 청진 태생이라는 점이다.

청진 사람들이 패션에서 앞서가는 이유가 뭘까? 청진은 일본산 수입품을 가장 먼저 접하는 도시라는 점이다. 이들 수입품은 비록 일본에서는 유행이 한물간 재고품이 주를 이룬다. 그럼에도 불구하고 북한 기준으로는 최첨단 패션이기 때문이란다. 다시 말해 청진은 수입품의 창구이기에 평양보다 패션이 앞서고, 평양 사람들보다 당의 눈치를 훨씬 덜 보기 때문이란다. 권력과 멀수록 출셋길은 멀지라도 심신이 자유로운 법이다.

함경북도
무산군
부령군
봉화대터
나진선봉시
판장온천
부거리
사구리
마전리
하삼포
교원리
연진
부윤
오수대
청암구역
연천리
부윤구역
송평구역
자하리
금바위
고성동
수성
직하리
진지봉
근동
청진
동해
어유리
남석리
월포리
아양동
용천
나남구역
회향리
경성군
봉암리
용암리

청진

자하리
직하리
근동
청진
월포리
동해

🏴 **청진시**
최대 중공업 도시

👤 **인구**
약 667만 명(2008)

📍 **행정구역**
93동 14리

📍 **면적**
1,855㎢

산업 철강업, 금속공업, 수산업 등

◆ 일제강점기 유산

한 도시의 성장 잠재력은 입지조건과 역사를 보면 얼추 짐작할 수 있다. 그 도시 배후에 공업단지가 있고, 수출입항이 있다면 더욱 그렇다. 청진 역시 함흥과 흡사한 점이 많다. 두 도시 모두 배후에 공업단지가 있고, 수출입항을 갖고 있다. 청진은 일제강점기에 자원 수탈과 함께 만주 침략을 위한 병참기지 성격의 중공업단지로 개발되었다. 다음으로 철도와 항구를 완비하여 원료와 완제품의 수출입을 원활하게 할 수 있다는 점이다.

청진 인근에 북한 최대 철광석 산지인 무산광산이 있다. 중국 국경에 인접해 있어 중국 회사들이 상당 부분 진출해 있다고 한다. 이 광산은 노천 철광산으로 유명하다. 17세기 초 지방 주민들에 의해 소규모로 채굴되었는데, 1913년 일제에 의해 본격 개발되었다. 1925년에 소형 선광장이 건설되고, 1935년에는 미쓰비시광업과 일본제철이 합작으로 운영하기 시작했다고 한다.

일제강점기 1940년대 당시 청진의 위상은 대단했다. 원산항이나 함흥(흥남항)은 비길 수도 없고 부산항까지 위협할 정도였다고 한다.

다음 그림은 1930년대 중반 그림엽서로 당시 '청진상공회의소'가 발행한 엽서이다. 엽서 맨 위쪽에 글자가 '약진도상(躍進途上)의 청진항'이다. 그 아래 흑백사진은 청진항 전경이고, 사진 아래쪽은 청진항과 연계된 항로들이 부챗살처럼 퍼져나간 걸 알 수 있다. 물론 부

챗살의 끝에는 일본 서해안 항구들, 위쪽으로 북해도의 삿포로(札幌)
로부터, 하코다테(函館), 니가타(新潟), 시모노세키(下關), 오사카(大
阪)까지 연결되어 있다. 물론 서해안 항구뿐만 아니라 동해안의 교토,
도쿄까지도 연결되어 있다는 사실이다. 항로 그림 아래에는 만주국
(1931~1945)으로 가는 길목의 청진항이라는 뜻이다. 또한 신경(新京)
으로 가는 빠른 길은 청진항이라고 했다. 신경은 일제가 세운 만주국
의 수도로, 지금은 중국 지린성(吉林省)의 성도인 창춘(長春)이다. 이어
서 청진항은 일본-만주 간 교통로의 현관 역할을 한다고 하며, 청진항
의 수출입 물동량까지 비교적 소상하게 적어놓았다.

　'세이신(SEISIN)'은 청진을 일본말로 부른 것이다. '북선(北鮮-함경북도와 함경남도)에서 가장 큰 도시, 약진하는 청진'이라고 쓰여 있다. 또 하나의 자료인 아래 그림은 1940년대 당시 청진시를 보여주고 있다. 연안 매립을 통한 계획도시이며, 항만 배후의 주택가에 유럽풍 맨사드 지붕(mansard roof)을 한 서양식 건물들이 눈에 띈다. 청진이 개항 이후 얼마나 빠르게 발전했는지를 알 수 있게 한다. 이들 그림과 사진들을 보면, 일제가 청진에 대해 얼마나 대대적인 투자를 했는지 십분 짐작할 수 있다.

청진항의 관성은 해방 후에도 지속된다. 예컨대 1959년 재일교포 니가타-청진 간 북송사업, 그리고 1970년대 일본인 납치사건을 주도한 공작선도 이곳 청진항이 주 무대였다.

청진 역시 함흥과 함께 일제에 의해 개발된 닮은꼴 도시이다. 이쯤에서 곰곰이 생각해 본다. 일제에 의한 한반도 개발론, 소위 '식민지 근대화론(植民地近代化論)'을 원천적으로 부정하기는 어렵다는 사실을 말이다. 피지배 입장에서는 응당 자원 수탈 쪽에 무게를 두지만, 일본

측에서는 식민 지배가 결과적으로 한국의 근대화와 산업화에 기여했다고 주장하고 있다. 원래 목적이 한반도 자원수탈이든 중국 대륙진출이든 간에 일제가 기반시설을 설치했던 건 분명하다. 일본이 징병, 징용, 정신대의 희생을 부정할 수 없듯이, 그들이 산업화의 바탕을 마련한 것 역시 인정하지 않을 수 없다.

광복 이후, 김책제철 연합 기업도는 북한 당국에 의해 1951년 김책제철소로 개칭되었고, 생산 규모가 확장됨에 따라 1974년 관련 업체들을 통합하여 김책제철연합기업소로 개편되었다고 한다.

2010년 기준, 김책제철연합기업소는 용광로종합직장과 해탄종합직장·강철직장·내화물직장·압연분공장 열간압연직장·냉간압연직장·소결직장 등 수십 개의 직장으로 구성된 모체기업소와 대보수사업소·관수송사업소·청암광산·무수광산 등 관련업체, 강철설계사업소와 금속연구소 등으로 이루어져 있으며 선철과 여러 가지 압연강재, 콕스 및 수십 종의 화학제품들을 생산하고 있다.

◆ 청진의 입지와 인프라

청진은 함경북도 중부의 동해에 면해 있고 경성만(鏡城灣)의 최북단에 있다. 시가지는 청진만(淸津灣)을 끼고 발달하였다. 주요 하천은 수성천(輸城川)이 있고, 수성천 양안으로 수성평야가 있다. 하지만 청진시 동쪽에 고말산이 있고 점차 서쪽으로 뻗어나간 것을 알 수 있다. 따라서 청진시 면적의 대부분은 산지가 차지하고 있다. 청진은 19세기 말까지 한가한 어촌이었다. 하지만 일제는 러일전쟁(1904) 당시 청진을 상륙기지로 활용했으며 이후 만주 침략을 도모하면서 병참기지 겸 군항으로 개발했던 것이다.

해주(海州), '제2의 개성공단' 가능성을 묻다

◆ 2차 핵담판 결렬과 해주

'산 너머 남촌에는 누가 살길래 / 해마다 봄바람이 남으로 오네(김 동환 작시)' 이 노랫말처럼 봄바람은 남쪽에서 불어온다. 그런데 올해 는 북녘땅에서도 봄바람이 불어올지 모른다. 올해 초부터 그런 기대가 한껏 부풀어 올랐던 게 사실이다.

알다시피 지난해 베트남 하노이에서 제2차 북미정상회담이 있었 다. 전 세계의 이목이 집중되었지만 결과는 '2차 핵담판 결렬'로 끝났

해주

해주 황해남도의 유일한 시, 제2의 개성공단 후보지		면적 206.93㎢
		해발 50~100m
행정구역 26동 5리		연강수량 1,025.9mm
인구 약 273만 명 (2008)		

관광지	해주읍성, 부용당, 석빙고, 석담구곡
산업	시멘트, 제철, 조선, 제지, 화약 등
호텔	해주호텔

다. 솔직히 말해 북미정상회담에 대해 김칫국부터 마신 사람들이 어디 한둘이었겠는가. 결렬 원인이야 북미 양측의 입장에 따라 다르고, 해석의 차이도 분명 아전인수 격일 것이다.

그렇다고 남북경협에 대한 기대마저 다시 꽁꽁 얼어붙어야 할까? 그건 결코 아니다. 남북경협 재개 항로에 암초가 나타났다고 하여 항해를 중도 포기할 수는 없지 않겠는가. 따라서 이 책도 역시 도시 탐구를 지속하기로 한다.

◆ 인천-해주 간 거리 110km

　이번에 소개할 도시는 해주이다. 해주는 조선의 5대 도시였다. 한양, 평양, 전주, 개성, 해주 순이었다. 조선 후기까지만 해도 그랬다. 그 이유는 한강과 예성강 하구 경기만과 해주만이 바닷길로 열려있었고, 농산물과 수산물도 풍부했기 때문이다. 해주의 위상은 남북 분단과 함께 180도로 변했다고 해도 과언이 아니다. 바닷길이 막혀버렸고, 해주가 북한 해군의 주력 서해함대 기지로 변했기 때문이다.

　한동안 잊었던 해주, 그 해주에서 봄바람이 불어오고 있다. 단도직입적으로 말해, 과연 해주는 제2의 개성공단이 될 수 있을까? 어떤 이는 이렇게 반문할 것이다. 개성공단 재개도 오리무중인데 제2 개성공단이라니 하고 말이다. 물론 북한 비핵화와 관련, 유엔 제재의 해제가 선결 조건이다.

　만약 그렇게만 된다면 어떤 변화부터 개시될까? 최우선으로 개성공단 재개와 금강산 관광 재개가 이뤄질 것이다. 그다음 단계는 동시다발적으로 진행될 가능성이 높다. 일테면, 경제특구로 지정된 꼭짓점의 도시들, 나선, 신의주, 함흥, 원산 등과 함께 주목되는 도시가 해주이다. 어떤 이는 '왜 해주인가?' 하는 의문을 가질 것이다. 여기에 대한 답변으로 다음 사항을 인용해 본다.

　"남북은 해주지역과 주변 지역을 포괄하는 경제특구건설과 해주항 활용, 민간선박의 해주 직항로 통과 들을 합의하였다"

(-출처: 2007년 남북정상회담에서 발표된 '남북관계 발전과 평화번영을 위한 선언'의 제5항.)

이 조항을 충실히 반영한 것이 '서해 평화협력 특별지대'이다. 자세한 내용은 본론에서 살펴보기로 하고 우선 해주의 뿌리, 도시 내력을 살펴보는 게 순서이다.

◆ 해주, 그 명성의 내력

해주는 고려 태조 때 처음으로 지명이 정해졌다고 한다. 이후 고려 성종 2년(983)에 전국에 십이목(十二牧)을 두었는데 해주목도 그중 하나였다. 고려 현종 때는 4도호부 중 하나인 안서도호부를 두었고, 고려 고종 때 다시 목으로 환원하여 조선에 계승되었다고 한다. 황해도는 조선 8도 중 하나였다. 1417년부터 1954년까지 그 명칭이 유지되었다. 황해도는 황주와 해주의 머리글자를 따서 만들었다. 1954년 북한의 행정구역이 황해북도와 남도로 개편되면서 해주는 황해남도의 도청 소재지가 되었다. 지리적으로 본다면, 재령강과 예성강을 경계로 황해 남도와 북도가 갈라졌다. 황해북도의 도청소재지는 황주가 아니라 사리원시가 되었다.

해주는 풍수 명당이다. 해주목의 고지도를 보면, 배산임수(背山臨水)에다 좌청룡 우백호의 명당임으로 금세 알 수 있다. 북쪽으로는 수양산(899m)을 등지고 있다. 조선 세조의 왕자 시절 군호인 '수양대군'도 여기서 딴 것이라고 한다. 다음으로 중앙에 해주목(海州牧)으로 두고 양 날개인 좌청룡 우백호에 안산인 남산을 넘어 해주만을 끼고 있다.

해주는 재령평야와 연백평야 덕분에 북한 최대의 곡창지대이다. 재령평야의 젖줄, 재령강이 있고, 연백평야는 해주만과 예성강 하구 사이에 있기 때문이다. 해주 시내는 남쪽으로 완만한 경사를 이루며, 광석천과 신광천이 흐른다. 지리적 입지를 단적으로 말한다면, 해주는 수양산을 비롯한 산맥으로 둥그렇게 감싸있고 강을 통해 해주만과 열려있다고 할 수 있다. 해주는 농경시대 기준으로 최고의 자급자족 도시인 풍수 명당일 순 있다. 하지만, 마을을 빙 두른 산맥은 모진 북풍은 막아주겠지만, 교역 시대에는 물적 유통과 사람의 이동을 막는 장애가 되기도 한다. 다시 말해 산맥은 도로망, 철도망의 개설을 가로막을 뿐만 아니라 발전소로부터 송전선로망의 연결까지 어렵게 한다는 것이다.

풍수 명당에는 인물 역시 특출한 법이다. 해주 출신 역사의 인물을 꼽으라면 백범 김구, 안중근, 장길산 등을 들 수 있다. 김구 선생은 10대 후반, 해주에서 동학농민운동에 투신했고 동학군 선봉대를 이끌었다. 황해도 대표단으로 뽑혀 충청도 보은으로 가서 제2대 동학교주 해월 최시형을 만나기도 한다.

안중근은 해주부 수양산 아래, 해주 토호의 후손이다. 할아버지 안인수는 진해 현감을 지냈고, 해주 일대에서 미곡상을 경영하여 상당한

부를 축적했다고 한다. 황석영 소설 '장길산'의 주인공들은 다들 해주, 강화도, 개성, 연평도 출신들이다.

해주는 일제강점기에 황해도 쌀 수탈의 항구로도 유명하다. 일제에 의한 한반도 쌀 수탈 물량의 순위로 따진다면, 첫째가 부산항이다. 부산항은 낙동강 상류 상주평야에서부터 하구 김해평야에 이르기까지 이들 낙동강 수계에서 생산한 쌀들이 집결했기 때문이다. 다음으로 군산항이다. 군산항은 금강과 동진강 수계의 평야들, 하구의 김제평야와 만경평야의 쌀들이 군산항으로 집결했다.

다음으로 인천항은 한강과 예성강 수계에 있는 평야들에서 생산된 쌀들이 집결했다. 해주의 재령평야, 연백평야에서 생산된 쌀들도 1930년 이전에는 인천항으로 실어 날랐다. 1930년 1월 이후에는 황해도의 쌀들은 모두 해주항에서 일본으로 실어 날랐다. 그동안 일제는 해주 용당포항을 근대 항만으로 조성했기 때문이다.

또한 해주는 수산항으로도 유명했다. 해주만과 서해안에서 잡은 수산물들이 해주항으로 집결되기에 수산항으로도 유명하다. 특히 해주는 전국 최대의 조기 산지로 유명했다. '세종실록지리지'에도 해주 특산물로 조기를 소개하며, "남쪽 연평도에서 나고, 봄과 여름에 여러 곳의 고깃배가 모두 이곳에 모여 그물로 잡는데, 관아에서 그 세금을 거두어 나라 비용에 쓴다"라고 언급되어 있다. 그 연장선에서 해주는 1940년대 당시, 전국 조기 생산량의 80%에 이를 정도로 명성을 날렸다고 한다.

해주는 1990년대 고난의 행군 시절에도 타지역은 아사자가 속출했던 데 비해 비교적 피해가 적었다고 한다. 해주가 곡창지대와 수산항을 겸비했던 덕분이 아니겠는가. 해주는 율곡 선생의 고산구곡가로도 유명하다.

고산의 아홉 굽이 못을 사람들이 모르더니
풀을 베고 집을 지으니 벗들이 모두 모여드네.
무이구곡을 생각하며 주자를 배우리라.
고산구곡담(高山九曲潭)을 사람이 모르더니
주모복거(誅茅卜居)하니 벗임네 다 오신다.
무이(武夷)를 상상(想象)하고 학 주자(學朱子)를 해오리라.
(하략)

고산구곡은 해주 수양산 기슭 석담(石潭)의 아홉 구비 시내이다. 율곡 선생이 43세 되던 해(1578년, 선조 11년)에 후학들을 가르치고 있을 당시, 고산구곡의 풍광을 읊은 10수 연시조가 곧 고산구곡가이다. 이는 중국 남송 시대, 주희가 무이산 속에 은거하여 후학들을 가르칠 때 지었던 노래 '무이구곡가(도가)'를 고스란히 본으로 삼았고, 그 영향은 조선이 끝날 때까지 면면히 이어졌던 것이다. 조금 과장되게 말하자면, 주자의 무이구곡가는 주자학에 경도된 조선선비들의 정신적 메카라고 해도 과언이 아니었다.

'율곡 선생' 하면 외가가 있던 강릉의 오죽헌이나 파주의 화석정을 떠올리는 게 상식처럼 되어 있다. 하지만 조선 선비들에게 해주 고산구곡의 명성은 오죽헌과 화석정의 그것보다 몇 곱절 더했다고 한다.

해주는 1896년(고종 33년)에 전국에 13도제가 실시되자 황해도에 속하고 도청 소재지가 되었다. 1940년에는 일제강점기 당시 개항장으로 지정되었고 1954년에는 북한의 관제 정비로 황해남도에 편입되었으며, 1973년에는 국제 무역항이 되었다고 한다. 해주는 신라 이래 황해도의 정치, 경제, 국방의 요충지였고, 현재도 그 관성이 유지되고 있다고 한다.

◆ 서해 평화협력특별지대

해주는 애당초 남북경협이 거론된 2007년 이전부터 주목받았다. 해주가 남쪽의 경제인들에게 개성보다 먼저 주목을 받았던 이유가 뭘까? 해주가 바닷길로 인천과 지척에 있기 때문이다. 하지만 북한은 해주 대신 신의주 카드를 내밀었고 우여곡절 끝에 개성으로 결정된 바 있다. 서해평화협력특별지대는 남북 간 교전이 끊이지 않는 서해 NLL 해역을 평화수역으로 정해 남북 공동어로 해상평화공원, 한강하구 평화생태공원, 서해공동경제특별구역, 한강하구 공동이용수역 등을 조성하는 계획을 담고 있다.

◆ 해주의 인프라

해주는 국제무역항이자 북한 9대 공업지구 중 하나다. 석회석이 풍부하여 시멘트공업이 발달해 있다. 주요 인프라를 소개하면 다음과 같다.

철도 및 도로

황해남도의 간선철도로 해주와 사리원 사이에 황해청년선(총연장 100.3km)이 있다. 황해청년선은 경의선에 연결되어 있다. 다음으로 해주와 옹진 사이에 옹진선이 있다. 이중 배천선의 종착역인 은빛이 개성과 불과 수 km 떨어져 있어 이 구간을 연결한다면, 해주항이 개성공단의 수출항 역할을 하는 것도 가능하다. 국도는 개성에서 옹진에 이르는 50번 국도와 재령을 경유하여 사리원에 닿는 국도가 있다.

해주항 및 해주공항

일제강점기 이전에는 한적한 어촌 용당포였다. 1921년 인천-해주 항로(110km)가 개설되었고, 1932년 축항과 부두시설이 건설되면서 2,000톤급 선박의 접안이 가능하도록 확장되었다. 한국전쟁 당시 큰 피해를 입고 1962년 복구되었고 1973년 시멘트 전용 항으로 개항되었다. 수출 시멘트 선적을 위해 해주시멘트공장에서 해주항까지 컨베

이어벨트가 설치되어있다. 연간 화물처리 능력은 240만 톤, 부두길이 1,348m, 3개 부두가 있고, 수심 약 10m, 1만 톤 급 선박의 접안이 가능하다. 해주공항은 군사기지로 운영되며, 제한적으로 민항의 화물 운송에 이용된다. 활주로는 1본, 길이는 2,000m가 있다.

해주시멘트공장

해주시 용당동에 위치하며 부지면적 50m^2이다. 1936년 일제강점기 당시 연산 36만 톤 규모(소성로 4기)로 건설되었다. 한국전쟁 당시 파괴된 이후 3기만 복구되었다. 특기할만한 사실은 철도 지선인 배천선과 옹진선을 시멘트공장 안까지 연장해 놓았다는 점이다.

해주의 관광자원

최근 들어 북한은 외국인 대상 관광에 부쩍 열을 올리고 있다. 물론 체제 선전 겸 외화벌이 목적이다. 일례로 평양국제마라톤대회는 꽤 많이 알려져 있다. 일명 '만경대상 국제마라손(마라톤) 경기대회로 상금도 6,000만 원에 이른다고 한다. 매년 김일성 생일인 태양절(4·15)을 앞두고 열리는데 작년(2018)의 경우, 참가자의 절반인 1,000여 명이 외국인이었다고 한다. 물론 국적이 한국인 사람은 참가할 수 없다.

인터넷에 홍보 중인 관광상품들은 평양국제마라톤경기 이외에도 다양하다. 예컨대, 나선시(나진/선봉) 핵심투어, 국제 여성절 투어, 김일성생일 투어, 메이데이(5.1) 투어 등이 있다. 대체로 행선지가 평양 위주인데 평양 이외 지역으로 나선시 관광, 금강산 관광, 신의주 관광, DMZ관광, 원산 관광 등이 있다. 이 속에 해주시 관광(Haeju City Extension)도 들어있다는 게 놀랍다. 해주 관광상품은 이름 그대로 '해주시까지 확장'이다. 다시 말해, 평양을 방문한 김에 인근(?)에 있는 해주시도 여행을 '강추'한다는 뜻이다.

그렇다면 해주시는 어떤 상품들을 추천해 놓았을까? 이를 살펴보면, 북한 당국이 해주를 국제관광 무대로 개발하려는 의지를 확인할수 있다.

부용당(芙蓉堂)

해주의 대표 문화재 중 하나로 부용당(芙蓉堂)을 꼽는다. 부용당은 연못 안에 서 있다. 돌기둥 33개를 박고 그 위에 누각을 건립했다. 이연못은 고려 말 1354년 해주 읍성을 쌓으면서 조성한 것이라 한다. 읍성마다 성내에 연못을 두는 것은 화재 시 소방수로 사용할 물을 저장하기 위해서이다.

부용당은 1500년 해주 목사 윤철(尹哲)이 최초로 건립한 이후, 퇴락과 중창을 거듭했다고 한다. 건물은 'ㄱ'자 평면에 팔작지붕이라 단조롭지 않다. 경회루에 비해 규모는 작을지라도 연꽃밭 위에 자리하고있어 훨씬 우아한 풍취가 느껴진다.

수양산 폭포

해주시 학현동에 있는 폭포이다. 높이 128m로 일명 산성폭포, 또는 해주폭포로도 불린다. 예로부터 해주를 대표하는 명승으로 알려져 있다. 폭포 벽이 약간 휘어들어 있어 아래에서는 폭포 전체 모습이 보이지 않는다. 그래서 마치 하늘에서 떨어지는 것 같다고 한다. 계절마다 색다른 모습으로 봄이면 진달래, 여름에는 짙은 녹음 속의 폭포, 겨울에는 얼음과 눈에 덮인 빙폭(氷瀑)으로도 유명하다.

◆ 해주의 잠재력

그동안 주요 도시들을 살펴보았다. 소위 꼭짓점 도시들과 항구도시들인 신의주, 나선(나진·선봉), 함흥, 원산, 청진 등이었다. 당초에는 이들 도시들이 여전히 정체된 도시일 것으로 생각했지만, 그 실상은 놀라웠다. 중국 자본의 투자와 항만 시설 일부 임대가 예상 밖으로 컸다. 이는 중국 동북 3성의 '차항출해(借港出海) 전략'의 영향이었다. 중국은 유엔 제재를 비웃기라도 하듯이 북한에 대한 자신들의 지분을 지속적으로 확대해 오고 있다는 사실이다. 그동안 풍문으로 들렸던 "북한은 조만간에 '중국의 동북 4성'으로 전락할 것"이라는 말을 마냥 가짜뉴스로 치부할 수는 없겠다. 그럼에도 불구하고 우리 정부는 '강 건너 불구경'만 하고 있는 현실이 안타까울 뿐이다.

해주는 어떨까. 그나마 해주는 중국의 영향을 비교적 덜 받는 도시로 알려져 있다. 왜 그럴까? 해주는 동북 3성과는 거리가 멀 뿐만 아니라 북한 해군의 서해함대 기지이기 때문이다. 만약 남북경협이 재개된다면, 해주-개성-인천의 3각 경제벨트도 부상할 가능성이 있다. 3각 경제벨트의 활성화, 한강하구 공동이용, 1, 2차 연평해전 이후 살벌했던 북방한계선(NLL)이 공동어로수역으로 바뀔 것으로 전망된다.

하지만 베트남에서 열린 제2차 북미정상회담은 결렬되었다. 그렇다고 해주의 잠재력이 훼손되는 건 아니다. 언젠가 남북경협이 재개된다면, 과연 해주는 제2의 개성공단이 될 수 있을까? 관건은 해주항의 항만시설의 현대화, 또한 전력난의 해결, 도로망과 철도망의 확충이 우선되어야 한다. 남쪽의 건설 회사들이 우선적으로 해주에 관심을 두어야 하는 이유이기도 하다.

남포항(南浦港),
서해갑문의 그늘을 언제쯤 벗어날까?

◆ 남포항, 평양의 관문

대동강 하구에 국제항 남포(南浦)가 있다. 남포는 북한 제2의 도시이자 '평양의 관문'이다. 남포항이 국제항으로 변신할 수 있었던 데는 순전히 서해갑문 덕분이다. 서해갑문으로 인해 깊은 수심(평균 9~11m)을 확보할 수 있고, 방파제 역할을 하기에 남포항에 화물선들의 안전한 정박이 보장된다. 서해갑문은 다목적 방조제인데, 이는 북한 정권의 최대 치적 중 하나임에 틀림없다.

하지만 남포항이 서해갑문의 그늘 속에 묻혀 지내야 할 이유는 없다. 서해갑문이 준공된 1986년 이후, 북한 당국은 여전히 남포항보다 서해갑문 홍보에 열을 올리고 있다. 이를 보면, 주객전도(主客顚倒), 마치 원님보다 이방이 주목받는 느낌마저 든다. 달리 말하자면, 남포항은 여전히 자랑할 만한 수준이 아니라는 방증이기도 하다.

일제강점기 당시 남포항은 부산, 인천에 이은 3위의 물동량을 자랑했을 정도였다. 또한 남포는 남북경협에도 일찌감치 전례를 만들었던 도시이다. 1990년대 중후반, 대우 그룹이 남포공단에서 의류봉제 공장을 운영한 바 있고, 2002년에는 남북합작으로 '평화자동차공장'이 준공되어 승용차 '휘파람', '뻐꾸기' 등을 생산한 바 있다.

남포항

- **남포항**
  - 평양의 관문이자 국제무역항
  - 서해갑문의 항구도시

- **면적** 1,180.4㎢

- **행정구역** 2구역 5군

- **해발** 50~100m

- **인구** 약 983만 명(2008)

- **연강수량** 944mm

관광지 덕흥리고분, 강서대묘, 황룡산성, 서해갑문
산업 중공업, 화학공업, 선박공업, 남북합작 평화자동차
호텔 와우도호텔

남포항은 국제항이라고 해도 인천항이나 부산항과 비교하면 초라하기 그지없다. 가뜩이나 유엔 경제제재가 계속되는 2019년 현재, 거의 개점휴업 상태라고 한다. 하지만 현실이 초라하다고 해서 남포항의 비전마저 초라한 것은 아니다. 만약 남북경협이 재개된다면 남포항은 일시에 그 위상이 변할 것이다. 우리가 남포항에 주목해야 하는 이유이기도 하다.

◆ 남포의 어제와 오늘

때론 시(詩) 한 편이 특정 장소의 정서를 대변하기도 한다. 대동강 하구, 남포의 정서를 대변한 것으로 정지상(鄭知常 ? ~1135)의 시 '임을 떠나보내며(送人 또는 大同江)'가 유명하다.

> 비 개인 강둑에 풀빛 짙은데 남포에서 임 보내니
> 슬픈 노래 울려 퍼지네
> 대동강 강물은 언제나 다 마르리
> 이별 눈물이 해마다 푸른 물결에 보태지는데

이 시는 정지상이 소년 시절에 지었다고 한다. 그의 고향이 서경(西京), 즉 평양이었다. 시의 분위기로 보면, 남포 나루에서 화자가 배를 타고 떠나는 낭군을 전송하는 느낌이다. 하지만 행간에 또 다른 의미가 숨어 있는 듯하다. 모름지기 시의 묘미란 화자 자신의 꿍꿍이속을 감추는 데 있지 않은가. 예컨대, 소년 정지상은 청운의 꿈을 연정에 빗대었을 뿐, 진짜 속내는 남들처럼 배를 타고 유학을 떠나지 못하는 자신을 한탄하고 있는지도 모를 일이다.

그도 그럴 것이 소년 정지상은 청년이 된 뒤, 마침내 개경으로 유학길에 올랐기 때문이다. 개경에서 출세 이후, 이윽고 묘청의 '서경천도론' 쪽에 줄을 선 나머지 정치적 희생양으로 생을 마감한다.

'남포(南浦)'라는 지명은 언제부터 시작되었을까? 『향토대백과』에 따르면, 고려 중기에 시작되었다. 삼화현 남쪽에 서해바다를 끼고 있는 포구라는 뜻에서 비롯되었다. 고려 말기에는 증(甑)남포로 불리었고, 조선 시대에는 조그만 어촌마을인 남포마을로 불리었다.

남포가 개항한 때는 1897년이었다. 청일전쟁 때 일제가 청나라 군대를 진압하고 남포에 상륙했다 하여 '누를 진(鎭)'자를 써 진남포라 하였다. 즉 남포항은 일제의 주도하에 개항되었고, 이름 또한 진남포로 출발했다. 다시 1906년 진남포부가 행정구역이 되었고, 광복 후에는 일제의 잔재를 없애는 차원에서 진남포부를 남포시로 바꾸었다. 1986년 서해갑문 준공 이후, 남포항 인근와우도를 수출가공구 및 관광도시로 개발하기 위해 신시가지로 건설했다.

2019년 현재, 남포항은 유엔 및 국제 경제 제재의 영향권 아래 있다. 그럼에도 불구하고 남포항 설비 증설은 시나브로 계속되고 있다는 소식도 들린다. 지난 3월 21일 자 서울시 뉴스 보도에 의하면 항만 서쪽에 크레인이 추가로 설치되어 총 5개로 늘어났다고 한다. 또한 남포항에 해저송유관 시설이 있어 중국 선박으로부터 비밀리에 유류공급을 받는 '불법환적의 허브'라는 지목을 받은 바도 있다.

◆ 대동강 갑문과 수운(水運)

대동강은 유사 이래 물류의 고속도로였다. 대동강 상류에 있는 평양이 수도가 될 수 있는 배경도 대동강을 통한 원활한 물류 덕분이다. 대동강에는 하구의 서해갑문 이외에도 4개의 갑문이 설치되어 있다.

평양시의 미림갑문, 강동군의 봉화갑문, 평남 순천시 순천갑문, 성천 갑문 등이다. 이들 갑문들은 일종의 다목적 댐 역할을 하고 있다. 농업 및 공업용수 공급, 홍수 예방, 전력 생산, 수심 확보를 통한 수운 교통 유지, 갑문 상부가 교량 역할을 함으로써 대동강 양안의 교통까지 해소해 주고 있다.

미림갑문은 80년 10월 준공되었고 평양시 대동구역과 사동구역 사이에 있다. 봉화갑문은 83년 10월 준공으로 평양시 삼석구역 도덕리와 강동군 봉화리 사이에 있다. 순천갑문은 86년 10월 준공으로 평안남도 순천시에 있다. 성천갑문은 87년 3월 준공으로 평안남도 평성시 하단리와 성천군 대양리 사이에 있다. 이들 갑문들은 첨단정보기술을 통해 기상 수문 예보관리, 지역별 강수 상태, 홍수 지휘체계 등에 대해 종합적인 수자원관리를 하고 있다고 한다.

◆ 서해갑문, 북한 정권의 자부심

대동강도 서울의 한강처럼 장구한 역사 동안 빈번한 홍수를 겪었다. 주요 원인이 만조 때 큰비가 내리면 강가 저지대가 속절없이 홍수 피해를 입었기 때문이다. 대동강의 고질적인 수해를 해결하기 위한 김일성 주석의 결단이 곧 서해갑문(1986)의 건설이었다. 애초 건설계획으로는 건설 기간이 최소 10년 이상을 예상했고, 기능 역시 다목적으로 방조제, 방파제, 담수호, 수력 발전까지 도모했으나 속도전으로 5년 만에 준공하여 수력발전은 포기했다고 한다.

서해갑문은 대동강 하구에 외해를 가로막아 건설한 길이 8km의 다목적댐이다. 3개의 갑실과 36개의 수문으로 되어 있다. 1호 갑실에는 2천 톤급 선박, 2호 갑실에는 5만 톤급 선박, 3호 갑실에는 3만 톤급 선박이 동시에 통과할 수 있다. 이 댐은 인근 간척지에는 농업용수, 공장지대에는 공업용수를 공급하는 한편, 상류의 순천, 재령의 농공지대와는 대운하로 연결되어 있다. 또한 댐 제방 위에 건설된 철로와 차도, 보도를 통해 강 양안의 교통 소통도 획기적으로 증진시킨 바 있다.

또한 서해갑문은 고 노무현 대통령이 들렀던 곳으로도 유명하다. 2007년 10월 4일, 북한 김정일 위원장과 역사적인 '10·4 선언'에 서명한 뒤, 서울로 돌아오는 길에 이곳에 들렀고, 방명록에 '인민은 위대하다'라는 글을 남기기도 했다.

"20리 날바다를 가로질러 언제(堰堤)를 쌓고 거기에 5만 톤급의 각종 배들이 통과할 수 있는 여러 개의 갑실과 수십 개의 수문을 건설하며 언제 위에 자동차길과 철길을 놓아야 하는 매우 어렵고 방대한 서해갑문 건설은 세계 갑문 건설 역사상 유례를 찾아볼 수 없는 엄청난 대자연 개조사업이었다." -서해갑문 현지 해설원

◆ 건설공사

서해갑문은 1981년에 착공을 시작해 1986년 6월 24일 준공되었다. 애초 대동강종합개발계획의 일환으로 대형 다목적 방조제로 건설되었다. 원래 명칭이 남포갑문이었으나 준공과 함께 9월 서해갑문으로 명칭이 변경되었다.

남포시와 황해남도 은율군 송관리 사이에 폭 14m, 길이 8km의 제방을 쌓고, 피도와 송관리 사이 약 8백m에 5천 톤급, 2만 톤급, 5만 톤급의 3개 갑문과 댐을 갖추고 있다. 대형선박의 통행이 가능하도록 90m 정도의 90° 회전교량을 설치했다. 또한, 제방과 갑문 위에 4차선 도로와 철도를 부설했다. 5년의 공사 기간 동안 총 40억 달러와 연인원 2천 3백만 명, 시멘트 110만 톤이 투입됐으며, 저수 능력 29억 m^3, 통수 능력 초당 4만2천 m^3, 갑문 1시간 수위조절능력 1억 5천만 m^3 규모다.

서해갑문 건설로 북한은 남포항 접안능력을 2만 톤에서 5만 톤 수준으로 향상시키는 것을 비롯해 서해안에 새로 조성하는 총 30만 정보의 간석지 중 평남·황남의 20만 정보에 농업용수 공급, 남포공업지

구 공업용수 확보 등을 꾀했다.

그리고 수량조절로 대동강 하류지역의 홍수방지, 내륙 수상운수 확충, 남포와 항남 간 육로수송 단축, 남포·대동강 지역 풍치 조성, 인공호수 내 양식업 개발 등을 목적에 뒀다.

그 결과, 미림, 봉화, 성천, 순천 갑문과 함께 남포, 평양, 순천, 덕천 주요공업, 광업, 농업 지역을 연결하는 운하망이 생겼고, 남포항은 국제항구로의 면모를 갖췄다. (-출처: 통일뉴스 2016. 6. 27)

서해갑문은 분명 세상에 자랑할 만한 토목사업이다. 하지만 준공 이후 예상치 못한 문제점도 속속 드러났다. 첫째, 겨울철 결빙을 들 수 있다. 강추위가 닥치면 강이 꽁꽁 얼어 선박 운항이 어렵다는 점이다. 다음으로 대동강 강물의 오염이 갈수록 심해지는 점이다. 이유인즉 상류와 지류에 면한 공장들이 오·폐수의 정화 없이 방류하기 때문이다. 2018년 남북정상회담 당시, 김정은 위원장이 대동강 수질 정화 대책에 대해 남측에 공식적으로 기술 지원을 요청했을 정도이니 말이다.

설상가상 최근에는 전력난으로 인해 갑문의 가동을 멈췄다는 소문도 들려온다. 평양의 관문 서해갑문이 멈추게 되면 그 피해는 도미노처럼 번지기 마련이다. 서해갑문 바로 위쪽에 있는 국제항 남포항은 물론이고 상류에 있는 4대 갑문과 내륙 항구들도 심각한 타격을 받게 되기 때문이다.

✦ 남북경협 후보지 거론

서해갑문 건설로 인해 남포항은 국제항으로 거듭날 수 있었다. 서해갑문 배후에 남북경협 공단을 조성하는 계획이 꾸준히 거론된 바 있었다. 실천 방안으로 2007년 '10·4 선언'에도 들어가 있다. '10·4 선언' 5항에는 "안변과 남포에 조선협력단지를 건설하며, 농업, 보건의료, 환경보호 등 여러 분야에서의 협력사업을 진행해 나가기로 하였다"라고 명시되어 있다.

✦ 평화자동차공장

평화자동차(Pyeonghwa Motors)는 남북합작 공장이다. '휘파람', '뻐꾸기' 등의 승용차 상표로 유명한 자동차 생산 및 판매 기업이다. 북한 내에서 차량 생산, 구매, 중고차 판매를 독점하고 있으나, 시장 자체가 작아서 생산량이 많지 않다고 한다.

평화자동차가 남포시에 건설될 때 북한 청년 대학생들 속에서 반향이 좋았습니다. 한 탈북민은 "평양 기계대학 학생들은 졸업 후에 평화자동차에 입사하게 된다고 기뻐했다"면서 "월급도 달러로 받을 수 있다는 기대가 컸다"고 말했습니다. (중략) "남한의 통일교가 2012년에 평화자동차에서 손을 뗀 다음 북한이 독자운영했으나 생산이 안 되고 있다" 그 이유는 부속품을 중국에서 들여가야 하지만, 강력한 유엔제재

로 부품 조달이 막혔다는 것입니다. (-출처 : 2018. 1. 22 자유아시아방송)

2012년 통일교는 평화자동차의 지분을 일괄 양도하였다고 한다. 최근 유엔 주도 경제 제재로 인해 거의 개정 휴업이라는 소문도 들려온다.

◆ 청년영웅도로, 평양-남포 고속도로

평양에서 남포까지 총연장 49km의 고속도로가 곧 청년영웅도로(靑年英雄道路)이다. 1998년 11월에 착공해 2000년 10월에 완공되었다. 평양직할시 보통강구역과 만경대구역을 지나 남포특급시까지 이어지며, 주요 경유지로는 천리마군과 강서군 등이 있다.

당초 평양-남포 고속도로였다가 완공 후에 이름이 청년영웅도로고 바뀌었다. 건설공사 동안 청년들의 희생이 엄청났기 때문이다. 전국 2백여 개의 시, 군에서 동원된 10만여 명의 청년 건설자들이 1년 11월 개월 만에 완공했다. 무리한 돌관공사로 인해 인명 피해가 막심했으나, 북한은 역으로 청년과 군인들이 영웅적인 활약을 펼쳐 기적을 이루었다고 선전하고 있다.

◆ 남포항과 중국의 협력

지난(2019) 3월 22일 인터넷 대공보(大公報)에 놀라운 기사를 발견했다. '산동과 조선 남포항 여객화물 노선 개항(山東與朝鮮南浦將開客貨航線)'에 관한 협약서이다.

(중국) 보하이(渤海) 페리유한공사(이하 보하이 페리)는 지난 3월 19~20일, 조선민주주의인민공화국 남포특별시 노길현 인민위원회 부위원장 겸 부시장과 대표단의 내방을 받고, 쌍방이 가까운 시일 내에 산둥반도와 랴오둥반도와 조선의 남포항 간에 호화 크루저 여객선 및 화물 페리 노선을 개설하기로 합의하였고, '전략합작의향서'에 서명하였다. 보하이 페리 회장은 중국 정부의 '일대일로(一帶一路)' 정책에 따라 옌타이와 남포를 비롯한 쌍방 교역을 위해 새 항로를 개설하여, 무역 발전과 상회 인원도 왕래하기로 희망하였다.

남포시는 조선 서해안의 관문 도시이자 공업 도시이며, 수도 평양과 50km 정도 떨어져 있다. 남포항에는 7개의 부두가 항만 안벽(접안시설)은 1,400m에 이른다. 최대 수심은 12m, 최대 6만 톤급 화물선이 접안할 수 있다. 또한 묘박지는 수심 30m이다. 반둥반도, 랴오둥반도와 조선반도는 서로 바다를 통해 면해 있고, 그 거리가 190km이며, 동북아 국제경제 핵심지대에 속한다.

◆ 남포의 미래

남북경협이 재개되면, 우선순위로 남포항 현대화가 들어있다. 그 내용으로 컨테이너 야드 확장 및 하역장비, 설비 지원, 그리고 신항만 개발 등이다. 달리 말하자면 남포항의 미래가 곧 남포의 미래인 것이다. 흥미로운 사실은 남측의 항만전문가들 사이에 남포항이 스마트항만(smart port) 후보 영순위로 꼽히고 있다고 한다. 스마트 항만은 사물인터넷, 첨단 AI 시스템을 적용한 24시간 완전자동화 항만이다. 싱가포르나 로테르담은 스마트항으로 변신 중인데, 정작 부산항의 그것은 여전히 요원(?)하다고 한다. 강성 항운 노조의 반대 때문이라니 아이러니가 아닐 수 없다.

동서독 통합 이후, 동독 항만들의 화물처리 능력이 서독 항만들을 훌쩍 뛰어넘었다고 한다. 이유인즉 동독 항만들의 노후 설비들을 최신 설비로 전환했기 때문이었다고 한다. 남포항에도 그런 꿈같은 일이 가능할까?

2019년 현재, 남포항은 서해갑문의 그늘에 여전히 파묻혀 있다. 항만 설비는 노후하고, 대동강 수질 오염에다 설상가상 국제경제 제재까지 겹쳐있다. 남포항이 서해갑문의 그늘을 박차고 국제항으로 도약할 날, 그날이 올까? 자력갱생만으로 절대 불가능한 일이 아닐 수 없다.

10편.
혜산

혜산, 붉은 깃발 아래
장마당은 북적이고

◆ 혜산시, 언덕 위 붉은 깃발

혜산(惠山)은 백두산 아래 국경 도시이다. 지명의 뜻은 '은혜로운
산', 산에 의지하여 살아온 산간마을이란 뜻이다. 하지만 압록강에 인
접한 운하도시이기도 하다. 백두산 기슭에서 아름드리나무를 벌목하
여 뗏목을 만드는 곳, 이곳 혜산진이 뗏목의 출발지였고 그 종착지가
신의주였다고 한다.

이전에는 함경도에 속했지만 1954년 북한 당국의 행정구역 개편에

의거, 량강도로 바뀌었다. 그때 이후 혜산은 량강도의 유일한 시(市)였고 도청소재지가 되었다. 또한 혜산은 한반도에서 가장 추운 도시라서 일명 겨울왕국이라고도 불린다.

남한 사람들은 혜산을 잘 모른다. '혜산'을 안다는 사람들 중에도 십중팔구는 혜산하면 '언덕 위 붉은 깃발'부터 떠올린다. '붉은 깃발'은 혜산의 랜드마크이기 때문이다. 나 역시 그렇다. 중국 지린성(吉林省) 창바이 여행 당시, 그 깃발을 본 적이 있다. 압록강 건너 언덕 위, 요상한 붉은 깃발을 목격했으니 말이다.

"저 언덕 위에 붉은 저것이 뭘까요? 건물도 아닌 것이 탑도 아닌 것이 붉기는 뉘 시기며 방향 따라 변하는가" 일행끼리 스무고개를 한 기억이 있다. 알고 보니 그건 거대한 붉은 깃발 조각이었다. 공식 명칭은 '보천보전투승리기념탑(이하 보천보기념탑)'이다. '보천보'하면 '보천보악단'이 먼저 떠오를 것이다.

하지만 보천보는 악단 이름 이전에 지역 명칭이다. 일제강점기 만주벌을 주름잡던(?) 김일성 유격부대가 압록강을 건너 일본군 진영인 보천보를 급습하여 혁혁한 전과를 올렸다고 자랑하는 그 현장의 지명이다. 역사적 사실의 검증 여부를 떠나 그 전투는 북한 정권의 뿌리이자 자부심이다. 물론 나만이 이 '붉은 깃발' 조각을 본 건 아니다. 남북 경협이나 통일운동 단체들이 주도한 조중 국경 1,300km 답사에 참여한 이들이라면 이미 상식이기 때문이다.

혜산

중국
송봉동
위연동 · 검잔동
압록강 · 혜산 · 검산리
춘동 · 영흥동
강구동
운종리 · 로중리
운흥군
장안리
삼수군 · 신장리
갑산군

🏔 혜산
운하교통의
중심지이자
생산공급지

📍 면적
277㎢

📍 행정구역
25동 4리

🏔 해발
2,000m

👤 인구
약 192만 명(2008)

💧 연강수량
679mm

관광지 괘궁정, 백두산, 내곡온천, 천지원,
삼지연문화회관
산업 벌목업, 곡물생산업, 직물업

붉은 깃발이 가리키는 방향은 정북으로 창바이시(長白市)이다. '창바이'라는 말은 중국에서 백두산을 일컫는 말이다. 말 그대로 이곳 창바이는 백두산 등정의 관문이다. 나 역시 2015년 10월 초순, 창바이시를 경유하여 백두산에 올랐다. 등산을 좋아하는 지인들은 진작 백두산에 올랐다. 하지만 나는 통일이 되면 그때 혜산을 통해 오르겠다고 쓸데없는 고집(?)을 피우다가 뒤늦게 올랐던 것이다.

혜산은 이 책의 열 번째 도시로 소개한다. 물론 다른 20위 이하 도시들도 중요하겠지만 내가 선뜻 혜산을 고른 배경에는 그동안 숱하게 읽었던 탈북민 수기도 한몫했던 것 같다. 바로 탈북자들의 출발지, 절대

다수 탈북자들이 혜산을 통해 국경을 넘었다는 사실이다.

혜산은 변방에 있는 도시지만, 북한 내에서 장마당이 가장 활성화된 도시이기도 하다. 인구순으로 보면 혜산은 북한 도시들 중 20위이다. 비록 도시 규모는 작지만, 역사적으로 보나, 발전 잠재력으로 보나 10위권 도시에 결코 뒤지지 않는다. 이 책의 열 번째 도시, 마감 주자로 선정한 이유이기도 하다.

혜산은 조선조 내내 백두산으로 가는 길목이었다. 홍세태(洪世泰, 1654~1725)가 (대필로) 남긴 백두산기(白頭山記)에 의하면, 1712년(숙종 38) 청나라 대표 목극등 일행과 조선 대표 김경문 일행이 국경을 정하기 위해 백두산 등정에 나선다. 당시 양측이 동원한 인원이 각각 60여 명이었는데, 조선 측 일행 중에는 관료, 역관 등을 제외하고도 길잡이 3명, 도끼잡이 10명, 말 41필, 짐꾼 47명이 함께 산을 올랐다고 한다. 당시에는 백두산에 아름드리나무들이 빼곡했기에 앞장을 선 노련한 나무꾼이 도끼로 나무를 찍어 길을 내었던 것이다. 백두산 등반기는 홍세태 이외에도 다양한 기록들이 전해온다, 여기서 잠시 1766년 서명응(徐命膺, 1716~1787)이 남긴 유백두산기(遊白頭山記) 일부를 소개한다.

검천을 따라 상류의 남쪽 언덕에 이르렀다. 혜산의 백성들이 먼저 막사를 지어 놓고 삼나무를 베어 들보와 기둥을 세우고 자작나무

껍질을 벗겨 지붕을 덮고 또 삼면에 보루를 세웠다. 산에서 구한 것인데도 비바람을 막을 수 있었다. 만약 남쪽 백성들에게 이 일을 하도록 한다면 한 해가 끝날 때까지도 쉽게 할 수 없을 것이다. 부엌일 하는 사람이 점심밥을 내왔는데 밥상에 큰 물고기가 반찬으로 올라왔다. 물고기 이름이 여항(餘項)인데 맛이 달고 좋았다, 그물로 잡은 것이 아니라 앞 냇가에서 때려잡은 것이라고 한다. (중략) 산길은 구불구불하여 앞에 가는 사람은 위에 있고 뒤에 가는 사람은 아래에 있게 되었다. 아래를 내려다보면 황천 같고 위를 쳐다보면 구천(九天)이다. 우박과 가랑비를 만났으나 이내 그쳤다. ―(하략)―

『조선시대 선비들의 백두산 답사기』 중 '서명응 편', 혜안, 282쪽, 1988.

다음으로 1926년 여름, 최남선(崔南善, 1890~1957) 일행 200여 명이 백두산 등반에 나서는데, 당시 혜산진을 이렇게 묘사하고 있다.

혜산진(惠山鎭)이 첨사 시절에도 100호에 미치지 못하던 작은 강촌(江村)이었는데, 시방(1926) 천여 호의 큰 고을을 이루고, 수비영(守備營)에 자혜의원(慈惠醫院)에 영림창분사(營林廠分司)에 드높이 솟은 여러 집채들이 즐비하게 됨이 놀랍다면 놀라운 발전이다. 그러나 일본인 거주자 백여 호 가운데 영업자란 것의 거의 대부분이 요리업자 매춘업자임은 아무리 뗏목일의 중심지라도 좀 심한 현상이었다.

-최남선 『백두산 근참기』 55. 경인문화사, 2013.

1930년 7월, 민세 안재홍(安在鴻 1891~1965)의 백두산 등척기(정민 옮김/해냄)에는 압록강에서 뗏목을 탄 이야기도 나온다.

급한 여울에 떠내리는 떼(뗏목)가 빠르기 살과 같은데, 뛰는 거품 이 눈을 뿜고 구비진 여울을 바삐 돌 때 떼꼬리가 석벽을 부벼 와 닥닥 몸부림을 친다. 먼 우레와 같은 소리를 내며 내려가는 가는 급류에는 잠긴 바위들이 물결 속에서 눈을 어지럽게 한다. 춤추는 어룡의 떼가 사람들에 놀라 상류로 쫓기는 듯 벙벙한 깊은 개를 지나면 유유하고 탕탕한 정취가 비길 데 없다.

-안재홍 지음, 정민 옮김 『백두산 등척기』 166쪽, 해냄, 2010.

이처럼 일제강점기 당시에도 혜산은 백두산에서 벌채한 나무들의 뗏목 출발지였다. 뗏목의 목적지는 압록강 하구 신의주였다. 1926년 최남선이 혜산진에 이르렀을 당시, 혜산진은 뗏목 사업의 번창으로 민 가가 무려 천여 호에 달했다고 한다.

괘궁정은 '활을 걸어놓은 정자'라는 뜻으로 혜산진성 남문의 문루였다. 1631년에 세워졌다. 혜산진성은 조선시대 초에 갑산도호부 산하였고 1421년에 개축 후 진성이 된 후, 1657년에 크게 확장했다고 하는데 그 둘레가 약 1,470m이다.

괘궁정의 이름에서 보듯, 이곳은 양반들의 유흥장소가 아니라 국경 너머 오랑캐들을 감시하는 전망대이자 전쟁 발발 시 장대(將臺), 즉 전투지휘소라는 뜻이다. 괘궁정은 2019년 현재, 북한 보물 52호이며 국방 유적으로 잘 관리되는 중이라 한다.

때로는 영화 한 편이 책 열 권보다 낫다. '백문이불여일견(百聞而不

如一見)'이라는 말 그대로다. 영화 〈량강도 아이들〉은 가슴이 훈훈해지는 영화다. 보기 전에는 일말의 불순한 선입견이 있었지만 영화 시작과 함께 시시때때로 폭소를 터트리고, 코끝이 찡해지다 보면 어느새 몰입이 되고 만다. 영화의 리얼리티를 높인 것은 탈북 출신 정성산 감독의 작품이기 때문이다.

◆ 혜산과 지린성, 상부상조?

량강도는 이름 그대로 두만강과 압록강을 곁에 두고 있다. 물론 두 강은 중국과 경계이다. 또한, 백두산이 솟아있고, 주변으로는 함경남도, 자강도, 함경북도에 접해 있다. 북쪽 건너편이 지린성(吉林省) 창바이시 창바이 조선족 자치현이다.

2000년대 이후 탈북민들의 70% 이상이 이곳 량강도 출신이라고 한다. 그들은 예외 없이 혜산에서 압록강을 건너 창바이시로 탈출했다고 한다. 왜 그럴까? 그 이유는 건너편이 조선족 자치주이기 때문이다. 그곳에 가면 말이 통하고, 동포애가 흐르기 때문이다. 통계에 의하면, 탈북민의 70% 이상이 여자라고 한다. 여자가 남자보다 용감해서 그럴까? 진짜 이유는 중국 동북 3성의 과도한 성비 불균형이 원인이라고 하는데 결혼적령기 신붓감의 절대 수가 부족하다고 한다.

그 원인이 뭘까? 70년대 이후 중국의 '1자녀 낳기 운동'의 결과, 현재 중국은 결혼적령기에 있는 청춘남녀들의 성비가 무너졌다고 한다.

남자 초과, 여자 절대 부족 현상으로 무려 3,000만 명 정도의 여성이 부족하다고 한다. 남초 현상이 가장 심한 지역이 동북 3성이라고 한다. 량강도 아가씨들이 목숨을 걸고 압록강을 건너 창바이시에 도착하기만 하면, 말이 통하고 조선족 중매쟁이의 주선으로 일종의 계약 결혼도 할 수 있다고 한다.

실제 탈북민 수기 중에는 중국 현지인과 결혼 후, 그곳에서 살다가 다섯 살 된 사내아이와 함께 탈북에 성공한 여자의 수기『그래도 살아남았다』(한은미, 조갑제닷컴, 2015)를 읽은 적이 있다. 말하자면 량강도와 지린성의 창바이시 조선족 자치주 사이는 상부상조인 셈이다. 밀수에서부터 배우자까지 서로 간에 부족한 부분을 메꾸며 살아가고 있는 현실이다.

◆ 삼수갑산, 백두산 가는 길

량강도에는 삼수군도 있고 갑산군도 있다. '삼수갑산을 가더라도 먹고 나 보자'라는 속담 속의 그 삼수와 갑산이다. 삼수와 갑산은 개마고원의 중심부에 위치한 심심산골로 조선조 중죄인들의 단골 유배지였다. 일례로 고산 윤선도는 일흔(70)이 넘은 나이에 삼수군에 위리안치(圍籬安置) 유배를 갔다가 운 좋게 귀향을 했던 인물이다.

삼수갑산(三水甲山) 내 왜 왔노 삼수갑산이 어디뇨오고 나니 기험

(奇險)타 아하 물도 많고 산첩첩(山疊疊)이라 아하하

내 고향을 도로 가자 내 고향을 내 못 가네삼수갑산 멀드라 아하

촉도지난(蜀道之難)이 예로구나 아하하

삼수갑산이 어디뇨 내가 오고 내 못 가네불귀(不歸)로다 내 고향

아하 새가 되면 떠가리라 아하하

(이하 생략)

— 김소월 詩 '삼수갑산' 일부

'촉나라 가는 길은 푸른 하늘에 오르기보다 더 어렵구나(蜀道之難難 於上靑天)', 이태백의 '촉도난'이란 시다. 소월이 삼수갑산을 이태백의 시에 비기고 있다. 조선조 최악의 유배지, 삼수갑산의 명성은 20세기 중반까지도 전혀 변함이 없었다는 뜻이기도 하다.

◆ 삼지연과 삼지연공항

삼지연(三池淵)은 삼지연군에 있는 호수이다. 백두산 천지에서 남동 쪽으로 40여 킬로미터 떨어진 곳에 위치한 세 개의 못을 말한다. 삼지 연은 물이 흘러드는 하천도 없고 물이 다른 데로 빠져나가지도 않는 다. 호수는 눈과 빗물, 샘물에 의해서만 채워진다. 화산 활동의 영향으 로 평균 수온이 23°C로 높은 편이다. 최근 들어 백두산 주변에서 재폭 발을 우려하는 이상 징후들이 나타나고 있다고 한다.

삼지연비행장(三池淵飛行場)은 삼지연군에 위치한 군-민 공용공항이다. 외국에서 가장 빠른 시간에 백두산 관광을 하려면 반드시 삼지연공항을 이용해야 한다. 삼지연공항에서 백두산 천지까지 거리는 서북쪽으로 약 32km이다. 민항으로는 주로 백두산 관광객들이 이용한다. 지난 2005년에 대한민국이 지원한 피치 8,000톤으로 활주로와 진입로를 보수한 바 있다. 당시 우리 정부는 공항의 개발 및 정비를 위해 90억 원을 지원한 바 있다.

2018년 9월에 남북정상회담을 위해 평양을 방문했고, 그 연장선에서 문재인 대통령이 이곳 삼지연공항을 이용하여 백두산 천지에 오른바 있다. 그 당시, 삼지연공항의 규모가 작기 때문에 대통령 전용기가무리 없이 이착륙할 수 있을지 우려하는 시각도 많았다.

북한당국은 이곳 삼지연 공항에서 쉽게 접근할 수 있는 관광지들을꾸준히 개발해 왔다. 이명수 폭포, 건창, 백두산밀영, 백두폭포, 백두다리 등이 그것이다. 만약 남북경협이 재개되고 북한 땅을 통해 백두산관광이 개시된다면 이곳 삼지연 공항이 북새통으로 바뀔 것 같은 예감마저 든다.

요동벌의
고구려 성곽 유적을 찾아가다

◆ **만주와 동북 3성**

'만주(滿洲)'라는 말이 사라져가고 있다. 그 자리에 '동북 3성'이라는 말이 은근슬쩍 디밀고 들어왔다. 분명 중국 정부의 숨은 의도가 있는 것 같다.

우선 일제의 꼭두각시 정권 만주국(1931~1945)을 떠올리게 한다. 또 다른 것도 떠오른다. 이 지역에 가장 많이 살고 있는 만주족, 그들이 일으켰던 청나라, 어느새 지배층에서 변방의 소수민족으로 전락한 그들에게 청나라의 향수를 불러일으킬까 지레 우려해서 그런 건 아닐까? 그래서 그런 걸까? 요즘에는 만주족은 '만족', 조선족은 '조족'으로 줄여 표기하는 경향도 보인다. 사소한 것 같아도 다분히 의도적인 것 같다. 말이 바뀌면 시나브로 생각도 바뀌는 법이기 때문이다.

만주족 청나라의 첫 도읍지, 만주 땅의 중심 도시가 선양(瀋陽)이다. 선양을 중심으로 고구려 성곽 유적들이 즐비하다. 예전부터 늘 가고 싶었지만, 기회가 없었는데, 때마침 기회가 찾아왔다. 지난 7월 17일부터 3박 4일 동안 '고구려 성곽 답사'를 다녀왔다. 부산대 건축역사이론 연구실(이호열 교수)과 울산성곽답사회(이철영 회장)의 합동 주관이었다. 답사 일정도 짤막하고 내용도 관심사와 일치하는 것이었다.

만주지역-동북 3성

◆ 동북3성과 조선족

　첫째 날(7/17). 대구 공항에서 오전 11시 30분에 출발했다. 승객들은 중국인들이 꽤 많았다. 단체 관광객들로 대구-서울-경주-제주 등지를 일주일 동안 돌아보고 간다고 했다. 이 정도일 줄은 미처 몰랐다. 우리나라가 어느새 중국인들의 나들이 코스로 뜨고 있다는 사실을 말이다. 중국 선양에 현지 시각으로 12시 10분에 도착했다. 선양 공항은 신축한 지 2년 남짓이라 내부도 산뜻했고 세관원들도 대체로 젊은 편이라 첫인상도 산뜻했다.

3박 4일 일정은 환인, 통화, 집안, 심양으로 빠듯했다. 만주의 지명들은 중국 이름보다 우리식 이름들이 여전히 익숙하다. 마치 우리 할아버지의 고향같이 예전부터 들어온 이름들이 많기 때문이다. 그래서 이 글에서는 구분 없이 그때그때 내키는 대로 쓸 작정이니, 독자들은 이해해 주시기 바란다.

선양 공항에 내려 곧장 환인으로 갔다. 마음 같아서는 소현세자가 7년인가를 볼모로 머물렀다는 심양고궁부터 들르고 싶었지만 말이다. 환인으로 가는 버스 안, 빠듯한 시간으로 인해 도시락을 먹었다. 차창 밖 풍경도 오랜 기억 속의 그곳 같은 느낌, 마치 '데자뷔'처럼 정겨웠다.

끝없이 펼쳐진 옥수수밭, 황소의 등처럼 완만한 산의 능선들, 도로변의 간판들에도 절로 웃음이 나왔다. 심양 시내 간선도로변의 식당들, 간간이 한글로 적힌 '개장국 전문', '개장국집'이라니……. 어릴 적부터 익히 들었던 말이 문득 떠올랐다. '만주에서 개장사하는 사람 같구먼.' 뜻도 모른 채 무시로 들었던 그 말, '만주에서 개장사를 했다'는 그 말이 지금까지 면면히 이어지고 있다는 사실을 이곳의 간판들이 증언해주고 있었다.

아득한 고구려의 강토로부터 일제강점기 당시, 우리 동포들이 집단 이주에 이르기까지, 지금도 이곳 랴오닝성, 지린성, 헤이룽장성의 동북 3성에는 조선족 동포가 200만 명 이상이 살고 있다고 한다.

내심 미안한 마음도 살짝 들었다. 오랜 인연이 느껴지는 땅, 나는 왜 이렇게 늦게 찾아왔을까? 나는 그동안 중국 여행만 거의 서른 번 가까이 다녔다. 하지만 늘 베이징, 상하이, 항조우, 쿤밍 등 유명한 도시나 해안가 도시들만 찾아다녔지, 이제껏 우리 고구려인들의 기백이 서린 요동벌과 만주 땅에는 오지 않았던 것이다.

◆ 환인의 오녀산성

심양공항에서 버스를 타고 곧장 환인으로 갔다. 차창으로 비치는 산과 들녘은 기름진 신록 그 자체였다. 어느 산도 민둥산이 아니라 울창한 숲을 자랑하고 있었기에, 애초 기대보다 훨씬 풍요로운 느낌이었다.

첫 목적지는 오녀산성이었다. 고구려 성곽 답사의 순서는 초기 성곽부터 차례로 국내성, 환도산성 순이다. 무려 4시간 정도를 달렸을 때 차창 저 멀리 오녀산성이 그 위용을 드러냈다. 마치 땅속에서 장방형 성채가 불쑥 솟아오른 느낌이었다. 성벽 대신 절벽으로 둘러싸인 성채, 난공불락(難攻不落)의 요새다웠다. 느낌이 꼭 이스라엘의 마사다 요새 같다.

오녀산성 아래 산기슭에 박물관이 있었다. 오녀산성 유물들로 꾸며 놓았는데 급조된 세트 같은 느낌이 들었다. 서둘러 박물관을 둘러본 뒤 셔틀버스를 타고 오녀산성으로 향했다. 버스는 지그재그 운행을 한

오녀산성-난공불락의 요새 같다.

끝에 오녀산성 입구의 광장에 다다랐다.

가파른 계단을 비지땀을 흘려가며 30여 분 올랐다. 남문 앞에 모여 고구려 산성과 오녀산성에 대해 기본적인 해설을 이철영 교수로부터 들었다.

동쪽으로 숲길을 걸어가자 천지라는 연못이 나왔다. 산정에 있는 우물이 기대 이상의 규모였다. 이 정도 연못이면 산정에서 얼마든지 지구전(持久戰)을 펼칠 수도 있겠다. 그 옆에 정자 위에 올랐더니 눈 아래로 광활한 평야가 펼쳐졌다. 저 멀리 일제강점기 만주국 당시에 건설했다는 댐이 보이고, 그 댐으로 이어진 통구하(通河)라는 강줄기도 보였다.

이 성채와 통구하는 어떤 관계였을까? 자고로 강은 사람과 화물이 움직이는 동맥이었다. 이곳 통구하 역시 '통할 통(通)', '도랑 구(溝)' 자로 이름에서 운하 기능이 나타난다. 따라서 이 강을 감시하고 통제하기 위해서는 강 전체를 조망할 수 있는 성채가 있었을 것이고 그 성채가 바로 오녀산성이었을 것이다.

오녀산성은 고구려의 발상지로 추정된다. 이 산성은 기원전 37년부터 기원 3년 주몽의 아들 유리왕이 도읍을 국내성(길림성 집안시 소재)으로 이전할 때까지 40년 동안 고구려의 수도로 유지되었던 도읍지라고 한다.

고구려 주요 연대기

B.C.37	주몽 졸본(卒本)에서 고구려 세움	342	환도성과 국내성 수축
19	유리가 부여에서 도망 옴, 유리왕 즉위	371	백제 침공으로 고국원왕 전사
A.D. 3	졸본에서 국내성 천도, 위나암성 축조	391	광개토왕 즉위
		413	장수왕 즉위
28	한의 요동태수 위나암성 공격	427	평양으로 천도
179	고국천왕 즉위	475	백제 수도 한성 함락
194	을파소 건의 – 진대법賑貸法 실시	491	장수왕 서거
198	환도성 쌓음	547	백암성 축조
209	도읍을 환도성으로 옮김.	552	장안성 축조
244	위나라 유주자사 관구검이 침략	586	대성산에서 장안성으로 천도
247	평양성 축조	612	을지문덕 청천강에서 살수대첩
293	모용외 침입 격퇴	631	천리장성 축조
331	고국원왕 즉위	668	나당연합군에 고구려 멸망

오녀산성에 대한 본격적인 발굴은 1986년부터 시작되었다고 한다. 당시 한나라와 금나라 시기의 유물과 함께 고구려 시기의 유물이 대량으로 출토됐다고 한다.

'오녀산성이 바로 고구려의 홀승골성(紇升骨城)이다' 고증(考證)에 참여한 전문가들은 '이 홀승골성이 고구려의 첫 번째 수도'라고 확인하였다고 한다.

오녀산성은 1996년 11월에 국가급 중점문화재로 지정되었고, 2002년에는 국가 AAAA급 관광지역으로 지정됐으며, 2004년 7월에는 길림성 집안(集安) 고구려왕릉 및 귀족묘지와 함께 유네스코 세계문화유산 목록에 등재되었다.

그러나 나는 '첫 번째 수도'라는 사실에 내심 동의하기 어려웠다. 이 산성은 위급 시 피난성일 거라는 생각이 들었기 때문이다. 이 고립된 산정에서 어떻게 생활할 수 있단 말인가? 아무리 고구려인들이 유목민의 후예로 양고기와 빵 위주의 식사를 했을지라도 산정에서는 생업이 어려웠을 것이기 때문이다. 다만 성채 전면이 깎아지는 벼랑이기에 '난공불락 성채'로 명성이 높았겠다는 생각만 들었다.

오녀산성을 내려와 10km 정도 떨어진 하고성자(下古城子) 유적을 둘러보았다. 오녀산성이 산정의 피난성이라면 이곳은 강변의 평지성이다. 평상시에 머물던 성이라면 중앙에는 행정치소도 있었을 법하다. 혼강(渾江) 강변이라 지금도 전통 마을이 있고, 강변의 저지대에는 무논에 벼들이 자라고 있었다. 골목길을 따라 마을 안으로 들어갔다. 담장 너머에는 어디나 옥수수밭이었다. 빈 땅을 놀리지 않는 농심(農心)이 느껴졌다. 하지만 마을 안으로 들어가 보아도 별달리 옛 성터의 흔적을 찾을 수 없었다.

모르긴 해도 강변에 인접한 땅이라 홍수가 날 때마다 얼마나 자주 수해를 입었을까 하는 생각도 들었다. 지금은 상류에 댐이 건설되어 강물의 수위가 한참 낮아졌기에 그나마 마을이 유지되고 있는 건 아닐까……

◆ 집안(集安) 박물관, 동북공정의 핵심

둘째 날(7/18). '고구려는 당나라 시대 중국 변방의 소수민족 정권'이다. 이 집안박물관은 오로지 이 주제 하나로 꾸며놓은 느낌이다. 박물관 전체를 집안의 국내성과 환도산성에서 나온 유물들로 가득 채워놓았다. 꼭 10년 전, 2004년 유네스코 세계문화유산 등재 당시 가장 역점을 두고 꾸며놓은 것이었다.

'고구려가 삼국을 통일했다면 이런 억울한 일은 없었을 텐데……'

하지만 한편으론 다행이라는 생각도 없지 않았다. 결과야 어떻든 간에 중국 당국이 엄청난 돈을 쏟아부어, 고구려 유적에 대한 체계적인 발굴을 했던 일, 그 노력은 응당 인정해 줘야 할 것이기 때문이다.

박물관 기념품점에 들러 책을 구경했다. 고구려 고분에 대한 도록은 물론, 고구려 연구 서적들 일색이었다. 민간 전설, 역사, 심지어 고구려 논문 목록에 이르기까지. 발행 연도가 2002년부터 2004년 이전이 대다수인 걸 보면, 십 년 이상 동북공정 프로젝트의 성과물들인 것 같았다. 관련 서적들을 다섯 권 샀다. 한편으로 우리나라의 고구려 연구는 어디까지 왔을까? 하는 생각이 고개를 들었다. 모르긴 해도 이 정도로 다양하지는 않을 것 같다. 그렇다면 우리는 고구려 연구에서부터 밀리고 있는 것은 아닐까 하는 자각이 들었다.

◆ 국내성과 환도산성

고구려 성곽들은 이중 방어체제였다고 한다. 평상시 성곽이 있고 전시 성곽이 따로 있었다. 국내성이 평지성으로 행정치소였다면 환도산성(丸都山城)은 전시의 피난성이라고 한다. 먼저 환도산성을 찾아갔다.

환도산성은 거대한 항아리를 누여놓은 듯한 지형에 자리잡고 있었다. 앞쪽에는 통구하가 흐르고, 강둑 좌우로는 널따란 평야가 펼쳐졌다. 환도산성 입구에 마치 '좌우로 정렬!' 호령에 맞추듯 일정 간격으로 늘어선 고분들, 거의 적석총 고분들이었다.

그 뒤로는 계곡을 중심축선 삼아서 양편으로 우뚝한 성채가 위용을 자랑하고 있었다. 지금도 한창 복원공사 중인 것 같았다. 언덕길을 따라 좌우로 기름진 옥수수밭, 포도밭이 끝없이 펼쳐져 있었다.

가장 위쪽에는 전망대 같은 성벽이 나타났다. 요망대(遙望臺)라고 했다. 그 위에 서면 앞쪽의 개활지가 한눈에 들어왔다. 뒤편으로는 산맥들이 빙 둘러싸고 있고, 앞쪽의 관문은 병모가지처럼 좁았다. 그야말로 한 사람이 목을 지키면 능히 천 명의 적을 막을 수 있을 것 같았다. 이렇듯 환도산성은 천혜의 요새였다.

◆ 광개토대왕비

광개토대왕비 앞에 섰다. 고대사의 블랙박스로 불리는 비석은 상상했던 것보다 훨씬 웅장했다. 하지만 비면은 마치 백전노장의 최후를 보는 듯이 닳고 닳아 글자 식별이 아주 어려웠다. 나 역시 '임나일본부설'의 발단이 된 '신묘년 기사'에 대한 상식은 있는지라 그 부분을 내 눈으로 찾아보고 싶었지만 찾을 수 없었다. 하지만 그 부분에 대한 다양한 해석들은 이미 한 · 중 · 일 전문학자들 간에 어지간히 토론을 거쳤고 어지간히 결론도 나온 셈이다.

결론부터 말한다면 '임나일본부'는 일본학자들이 아전인수 격으로 한 과잉 해석이었다. 일제강점기 당시 한반도 지배를 정당화하기 위한 술책으로 그들은 '일조동조론(日朝同祖論)'을 내세웠고, 이 논리를 위한 역사적 증거로 광개토대왕비를 끌어왔던 것이었다.

지금은 일본학자들 사이에서도 회의적인 시각이 지배적이다. 혹자는 '임나일본부'설의 증거로 나주 영산포 하구의 '전방후원분'을 들기도 한다. 여기에 대한 해석도 최근에는 당시 왜의 해외 상관 정도로 간주한다고 한다. 마치 통일신라 때 장보고가 중국에 신라방을 영위했던 것처럼 말이다.

◆ 호태왕릉과 적석총

호태왕릉은 광개토대왕비석에서 서쪽으로 150m쯤 떨어진 곳에 있었다. 계단식 적석총으로 무덤 위에까지 걸어 올라갈 수 있었다. 남쪽으로 석실이 나있었는데, 그 입구도 들어갈 수 있었다. 사진으로 보던 느낌과는 확연히 달랐다.

발밑에 밟히는 돌들이 아기 머리통만했다. 이 돌들은 야산이나 들판의 돌이 아니다. 거위알같이 동근 돌들로 분명 강가에서 옮겨온 돌

기단 모서리
석재의 쐐기구멍

들이었다.

애초의 무덤은 4면의 피라미드 형체였을 것이다. 지금은 꼭대기부터 뭉개져서 층마다 테두리에 있던 장대석들이 반 이상 떨어져 나갔다. 그 바람에 속 채움을 했던 자갈들이 밖으로 밀려 나오게 된 것이다.

태왕릉의 기단 부분을 돌았다. 한 면에 3개씩 호석을 눌러놓았다. 1개당 무게가 15~20톤이라고 하니, 과연 이 석재를 어디서 어떻게 옮겨왔단 말인가? 선뜻 상상이 안 되었다. 또한, 층마다 테두리를 이룬 장대석들도 어떻게 설치했을까? 여기에 대해서는 나중에 따로 논의하고자 한다.

다음으로 놀라운 발견(?)이 하나 있었다. 기단 모서리 석재의 상단에 쐐기 구멍이 있다는 사실이다. 중국 측 연구보고서를 본 적이 없어 단정할 수는 없지만 이 쐐기구멍은 아주 정교했다. 이 쐐기구멍의 역할은 무엇일까? 기단석 하부 석재와 상부 석재를 고정한다. 또한 만약 지진이 발생했을 때도 위치 이탈을 방지할 수 있도록 하는 장치일 것이다. 그렇다면 쐐기는 무슨 재질이었을까? 구리나 청동 합금이었을 것이다.

지금으로부터 1,600여 년 전, 건설기술을 상상해본다. 호태왕릉만 둘러보아도 상상 초월이다. 특히 시공 과정에 운반과 가시설(假施設)을 어떻게 했을까? 상상이 여름날 뭉게구름처럼 피어오른다.

✦ 장군총, 동방의 피라미드

장군총은 장수왕릉으로 추정되는 적석총이다. 피라미드와 흡사해 '동방의 피라미드'라고도 불린다. 하지만 꼭대기가 평평하고 층층이 7개의 단을 이루고 있다. 광개토대왕릉(일명 호태왕릉)에 비해 규모는 작으나 축조 형식은 흡사하다. 외부는 장대석으로 테를 두르고, 내부는 동글동글한 자갈돌로 채워놓았다.

한편, 장군총은 호태왕릉에 비해 대단히 단정해 보인다. 테두리 장대석이 단 한 개도 떨어져 나간 곳이 없다. 마치 영화 촬영을 위해 금방 막 만들어놓은 세트장 같다. 물론 호태왕릉과 함께 무려 1,600여 년이 경과한 고분이라 그동안 수차례 도굴도 되었을 것이다. 그러나 지난 2004년 '유네스코 세계문화유산' 등재 과정에서 대대적인 복원과 정비를 했을 터이다.

계단식 피라미드 같은 장군총

◆ 장수왕의 무덤인가?

이 무덤의 주인공이 과연 장수왕인가? 하는 논란도 있다. 이유인즉, 첫째는 장수왕의 무덤이 아버지 광개토대왕의 그것보다 크기가 작다. 대개 후대 왕의 묘가 더 큰 게 상식이다.

둘째는 장수왕의 장례 장소이다. 장수왕 대에 평양으로 천도를 했기에 왕이 죽었다면 응당 평양에서 장례를 치르고 무덤 역시 그 주변에다 만들었을 것이라는 이유이다. 본론에 들어가기 전에 장군총에 대한 일반사항을 살펴보기로 하자.

장군총은 지안시에서 동북 4.5km 떨어진 용산 기슭에 있다. 지세가 주변보다 높고 시야가 툭 튀어 있다. 통구하(通溝河)를 내려다 볼 수 있다. 무덤은 장대석 기초 위에 일곱 개의 계단으로 쌓아 올렸는데, 화강석을 가공한 장대석의 개수가 1,100여 개에 이른다.

제일 아랫단은 4개 장대석으로 쌓았고, 그 위로 둘째 단부터 일곱째 단까지는 각 단을 3개씩 장대석으로 쌓았다. 네 면에는 3개씩 호석을 비스듬히 기대놓았다. 측압으로 인해 발생할 수 있는 배부름 현상을 사전에 차단하기 위해서인 것 같다.

묘실의 입구는 다섯째 계단의 중앙에 있고, 묘실 안은 너비가 넓고 층높이도 높다. 네 벽은 석재를 여섯 층으로 쌓았고, 그 위로 큰 석판을 수평으로 들보처럼 걸쳤다. 그런 다음 큰 돌로 지붕을 얹었다. 실의 바닥에는 석관을 놓을 마루를 양쪽으로 놓았다. 길이는 3.7m, 너비는

좌) 장군총의 모서리 전경-면마다 세 개씩 호석, 우) 묘실 입구 전경

규모

한 변 길이
31.58m

전체 면적
960㎡
(봉분 면적: 270㎡)

전체 높이
12.4m

7층 계단
(1계단:4개층,
2~7단: 3개층)

위치
중국 랴오닝성 지안시(集安市)

형식
방형 계단식 적석총

축조시기
5세기 초

피장자
고구려 20대 장수왕

1.5m이다.

　묘위에는 황사토로 지붕삼아 덮었다. 꼭대기의 둘레 석재에는 등거리로 구멍이 뚫려있는데, 직경이 10cm쯤 되고, 원래 여기에는 난간을 둘렀던 것으로 보인다. 묘의 둘레는 32~36m 정도이다. 묘의 둘레에는 자갈로 담장을 쌓았고, 평면은 정방형인 걸로 보아 이는 분명 묘역이

있었던 것으로 보인다. 이 묘역에는 본래 4~5개의 배총(陪)들이 있었던 것으로 보이나 현재에는 1기가 남아있다.

장군총은 장수왕의 묘로 추정된다. 장수왕은 412년 왕위에 올라 491년에 죽었다. 무려 80년을 재위했다. 그동안 평양으로 천도하여 집안에서, 더욱더 오래 머물렀다. 장군총을 장수왕의 묘라고 일컫는 데는 그만한 이유가 있다. 당시 왕들은 왕위에 오르자마자 유택을 지었고, 재위 시에 준공을 보았다고 한다. 장수왕은 훌륭한 유택을 보고, 승하하기 전에 '고국(故國)'에다 장사를 지내주기를 유언으로 남겼는지도 모를 일이다. 또한 당시로선 장례방식이 화장(火葬)이라 충분히 가능한 일이고, 실제 당시에는 '귀장(歸葬)'이라고 하여 정든 곳으로 유골을 옮겨 장사지내는 풍속도 있었다고 한다.

적석총의 축조방식

호태왕릉과 장군총은 지금으로부터 1600년 전쯤에 축조된 것이다. 외관을 보면 일곱 층계를 지어 장대석을 빙 둘러 쌓았다. 또한 그 속에는 강자갈을 채워놓았다. 그렇다면 어떤 순서로 쌓았을까? 축조 순서를 상상해보기로 한다.

축조 순서

① 무덤 자리를 정한 뒤 평평하게 터를 고른다.

② 기단부 장대석 자리, 즉 네모꼴로 도랑을 파고 바닥을 다진다.

③ 테두리 장대석을 외곽을 따라 설치한 다음, 내부에 자갈을 채워 다진다.

④ 아랫단 위에 또 다른 장대석 설치를 위해 통나무 널로 경사로를 만든다.

⑤ 경사로를 따라 둘째 단 장대석을 이끌어 올려 설치한다.

⑥ 또다시 내부에 자갈돌을 채운다.

이렇게 일곱 층계까지 반복하여 계단식 무덤을 완성한다. 단, 이때 한 층계는 3~4개의 장대석을 조금씩 들여 쌓기로 하고, 이렇게 한 층을 완성한 다음에는 완전히 층계가 지도록 물려 쌓기를 하여 모두 일곱 계단을 완성하는 것이다.

◆ 오래된 사진 한 장

다음 사진은 1910년대 조선인 학생들의 수학여행 사진으로 추정된다. 옷차림으로 보아 늦가을로 보인다. 첫째 줄에서 셋째 줄까지는 초등학교 어린이들로 보이고, 뒷줄 양쪽으로 덩치 큰 사람들은 선생님들로 보인다.

1910년대 사진(우측 조선일보 제공)

그 배경에 있는 장군총 모습은 지금의 모습과는 판이하게 다르다. 봉분의 꼭대기에는 자잘한 푸나무들이 아니라 수십 그루의 나무들이 거의 숲을 이루고 있다.

또 다른 사진(우측)을 보면, 앙상한 나무들로 보아 겨울임을 알 수 있다. 봉분 위의 나무들을 보노라면, 슬그머니 엉뚱한 상상이 든다. 만약 적이 쳐들어 올 경우, 이 무덤을 망루로 활용했을 것만 같은 상상이 든다. 봉분 위에 엎드리기만 하면 얼마든지 몸을 숨길 수 있었을 테니까 말이다.

석재 운반 방법

광개토대왕릉과 장군총을 보면서 상상했다. 어떻게 저 무거운 석재들을 옮겼을까? 운반 도구는 어떤 것이었을까? 틀림없이 홍두깨 같은 통나무를 배열한 뒤, 그 위에 석재를 눕혀 끌며 옮겼을 것 같다.

광개토대왕릉이나 호태왕의 경우, 석재들이 무덤 주변에는 없다. 적

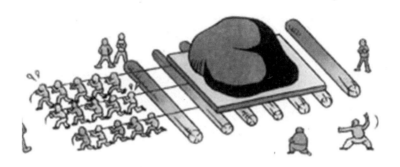

석재 운반 개념도

어도 20km 이상 떨어진 오녀산성 부근의 석산에서 가져와야 한다. 그때는 한겨울에 통구하의 강물이 얼었을 때, 빙판 위로 옮겼을 것이다.

고구려인들의 DNA

아무리 그렇다고 해도 그들의 DNA는 지금의 우리와 많이 달랐을 것 같다. 이유인즉, 장대석이나 비스듬히 눌려놓은 호석의 크기들을 볼 때, 그들의 평균 근력(筋力)은 우리보다 몇 배나 셌을 것 같기 때문이다. 그들의 주식은 유목민들처럼 양고기와 빵이었기에 우리보다 훨씬 더 힘이 셌을 것만 같다. 다만 한반도로 이주하여 정착한 뒤로 수백 년 계속하여 쌀농사를 짓는 동안에 DNA도 바뀌어버렸을 것이다.

◆ 압록강 뱃놀이

여행 중간에 집안시의 압록강에서 보트를 탔다. 건너편 북한은 벌거숭이 산들이고, 저 멀리 몇몇 기와집들도 바위에 붙은 따개비마냥 초라하기 짝이 없었다. 이와 달리, 보트 위에서 바라본 집안시는 스카이라인이 솟을 정도로 달랐다. 강둑 위로 고층빌딩들이 으스대며 춤을 추고, 그 뒤의 산들은 눈부신 신록이었다.

압록강은 수위도 높고 유속도 빨랐다. 쾌속정 보트를 타고 상류로 거슬러 올라가며 북한 측 강변을 보았다. 청소년들이 멱을 감고 있는 모습, 어린이와 함께 강변에 놀러 나온 여인, 자전거를 타고 가며 손을 흔드는 소녀 등 상상했던 것보다는 자유스러운 북녘 사람들이었다.

하지만 이곳만큼 확연한 대비도 없었다. 말인즉슨, 용틀임하는 중국과 여전히 겨울잠을 자는 듯한 북녘땅, 녹음이 우거진 집안의 산들에 비해 벌거숭이산, 민둥산의 북녘땅이 적나라한 대조를 이루고 있는 느낌이었다. 압록강의 강바람이 마냥 시원하게만 느껴지지 않았다.

◆ 동북공정과 조선족

동북공정(東北工程)이 마무리된 지 꼭 10년, 다시 말해 고구려 성곽 유적들이 유네스코 문화유산에 등재된 지 10년 만이다. 다시 말해, 고구려 성곽 유적들은 동북공정으로 인해 중국사에 강제 편입된 것이라 할 수 있다. 동북공정 이전만 해도 중국사의 영역은 만리장성이 끝나는 지점인 산하이관(山海關)까지였다. 하지만 동북공정으로 만리장성 밖, 소위 변경의 역사를 자국 역사로 편입했고, 이를 위해 부득이(?) 만리장성의 길이를 동북 3성을 관통하여 연장한 것이다.

집안시는 고구려 성곽 유적들의 유네스코 등재 효과를 톡톡히 누리고 있다. 외국 관광객들이 늘어나고, 덩달아 주민들의 고용효과도 높아지고 있단다. 현지에서는 '고구려는 당나라 시대 변방의 소수민족 정권'이었다는 주장이 굳어간다는 사실을 알 수 있었다. 분명 우리에게는 억울한 일이다. 하지만 동북 3성의 조선족 동포들은 어떻게 생각할까? 그들은 고대 조상들을 위대한 고구려인이라고 추켜 주는데 싫다고 할까? 고구려가 당나라의 변방 정권이든, 한민족의 고대정권이든 간에 그들에겐 과연 무슨 의미가 있을까 하는 생각마저 들었다.

한편으론 우리는 조선족 동포들에게 그동안 무엇을 베풀었을까? 경제력이 조금 낫다는 이유로 이곳의 조선족 동포들을 무수히 불러들였고, 지금도 그들은 건설 현장에서, 산업현장에서 힘든 노동으로 땀을 흘리고 있다.

그 후유증도 결코 적지 않다. 말인즉슨, 동북 3성의 조선족 마을의 후유증이다. 웬만한 조선족들은 가정들은 모조리 해체되고, 마을 역시 젊은 사람들이 없어 노인촌으로 변해간 지 오래라고 한다. 이와 달리 고구려 성곽 유적들이 유네스코 문화유산으로 등재된 이후, 젊은이들이 하나둘 돌아오고 있다는 소식이다.

◆ 백암성 아래 민가 방문

셋째 날(7/19). 요동벌이 넓긴 넓었다. 산들은 야트막하고 가도 가도 끝이 없는 벌판이 이어졌다.

이날은 마지막 일정으로 백암성(白巖城)을 찾아갔다. 이 성은 고구려의 전성기, 서쪽의 최전선 백암성으로 추정되는 성이다. 현지에서는 연주성으로 부르고 있다.

뙤약볕 아래 가파른 언덕을 올라 성벽 위에 섰다. 충주의 삼년산성과 흡사했다. 다만 삼년산성의 석재들이 자잘한 편이라면 이곳 석재들은 대체로 큼직큼직한 점판암이었다.

고구려 성곽 위치(세계일보)

곳곳에 트렌치를 파놓은 곳들은 현재 발굴 공사가 진행 중이었다. 사진 촬영 금지라는 팻말도 곳곳에 눈에 띄었다. 또한, 한쪽에서는 복원공사가 진행 중이었다.

성벽 위에서 내려다보니, 요동벌판이 일망무제로 펼쳐졌다. 저 멀리 태자하(太子河)라는 강을 보니, 평상시에도 얼마든지 수운(水運)이 가능할 것 같았다. 따라서 이 성채는 저 강을 관제하는 요충임을 알 수 있었다.

내려오는 길에 민가에 들렀다. 집의 양단에 선 굴뚝으로 미루어 분명 온돌이 있을 터였다. 이호열 교수께서 성큼성큼 다가가 유리창 너머로 기웃거렸다. 나도 뒤따르던 참이었다. 그때였다. 현관문이 벌컥 열리더니 주름살투성이 영감님이 나타났다.

"니 스 쉐이? (당신 누구야?)"

험상궂은 얼굴로 째려보는 영감님, 백주 대낮에 도둑으로 오해받을 짓을 한 것이다. 나는 평소 갈고닦은 중국어로 황급히 대답했다.

"뚜이부치, 뚜이부치! 워먼스 한구어 따쉐샤오더 찌아오슈……."

(죄송합니다. 죄송합니다. 우리는 한국에서 온 대학교수들인데, 중국의 온돌에 대해 관심이 많습니다. 실례지만 방안을 좀 구경하고 싶습니다."

그제야 그 영감님은 표정이 밝아지며 방을 구경하라고 했다. 다만 사진을 찍지는 말라고 하면서……. 현관으로 들어서자 양쪽으로 대칭형 온돌이 있었다. 용도를 물어보니, 우측에는 겨울에 노부부의 온돌방, 좌측에는 아궁이 없는 방으로 여름용이란다.

한편 땔감은 옥수숫대로 겨우내 모자랄 염려가 없었다. 재미있는 것은 온돌방 마루 측면에 네모반듯한 라디에이터가 붙어 있다는 점이었다. 아궁이 측면에 설치된 배관이 실내의 마루 옆으로 이어져 있고, 이 배관이 라디에이터 역할을 했다.

그 집을 나와 바로 옆에 나란히 있는 조금 큰 집을 들렀다. 한국에서 왔다고 했더니 반색을 한다. 파마머리에 홍색 블라우스, 반바지 차림의 젊은 아낙이 집 안 구석구석을 안내해준다. 옆집과 마찬가지로 방안에는 온돌마루가 있고, 그 위에는 세 살쯤 되는 아기와 할머니 한 분이 일행을 반겨주었다. 모르긴 해도 이 사람들은 한적한 촌 동네에서 얼마나 사람이 그리웠을까 하는 생각마저 들었다.

◆ 선양의 마지막 밤

심양이 과거라면 선양은 현재 같다. 일테면 소현세자나 열하일기(熱河日記)를 생각할 땐 응당 심양으로 불러야 한다. 하지만 랴오닝성(遼寧省)의 성도(省都)로서 오늘 현재의 도시를 이야기한다면 응당 선양이어야 한다.

도심의 가로도 넓고 건물들도 산뜻한 게 마치 현대도시 같았다. 간선도로변의 건물 층높이들이 20층(?) 이하로 스카이라인이 가지런한 편이었다. 스카이라인이 변화무쌍한 서울이나 홍콩과는 달리, 사회주의식 규율이 느껴졌다. 이로 인해 간선도로 위 버스 속에서도 파란 하늘을 볼 수 있을 정도였다. 하지만 이번 일정이 빠듯하여 잠만 자고 떠난다는 게 아주 아쉬웠다.

'꿩 대신 닭'으로 호텔에 여장을 풀고 저녁 나들이를 나갔다. 젊은 친구들과 함께였다. 시장통으로 갔더니, 마침 즉석 공연이 한창이었다. 내용인즉, 맥주회사에서 판촉 행사로 시장 한쪽에 무대를 마련하여 공연하고 있었다. 가족이나 연인들도 게임에 참가하는 걸 보니, 선양 역시 우리나라 여느 도시 못지않게 여유가 느껴졌다.

간선도로를 따라갔더니 맞은편에 선양역이 나왔다. 지하도를 따라 내려가자 지하철로 연결되고, 에스컬레이터를 타고 오르자 역 앞 광장으로 이어졌다. 저녁 8시 반쯤인데 기차역사 안에는 인파로 북적였다. 베이징-선양-하얼빈까지 고속철이 다닌다고 했다.

역 앞 정면으로 세 블록 정도 떨어진 곳이 시장 통이었다. 200m 정도의 통로 전체가 식당이었다. 이 밤에 술 생각이 나는 사람들은 전부 이곳을 찾아온 것일까. 가게들은 대체로 노천 꼬칫집이었다. 낮에는 도로로 활용하고 저녁이면 노천 식당이 되는 것 같았다. 마침 주말 저녁이기도 하여 가게들은 손님들로 북적댔다. 8명이 함께 노천 가게에 자리를 잡고 11시 반까지 조촐한 파티가 열렸다.

이제껏 심양하면 불운의 '소현세자'가 떠올랐었다. 하지만 이날 밤 젊은 친구들과 흥겨운 술판을 벌인 덕분으로 인상이 우호적으로 바뀔 것 같았다. 짧든 길든 여행의 마지막은 아쉬운 미련이 남는 게 좋은 것 아니겠는가. 다음 기회에 이곳을 방문한다면 그때는 선양 고궁을 찾아봐야겠다.

북한의 건설인프라,
통일을 위해 어떤 준비가 필요할까?
─북한학 전공 〈안드레이 란코프 교수〉와의 대담

◆ 초대의 변

안드레이 란코프 교수(54)는 러시아 국적의 북한학 전공 학자이고, 현재 국민대학교 교수로 재직 중이다. 란코프 교수는 1980년 레닌그라드 국립대학에 입학한 후, 북한의 김일성종합대학에 1년간(1984-1985) 유학했으며, 1989년 박사 학위 취득 후, 한국에서 강의를 시작했다. 그때 이후, 북한 관련 연구를 꾸준히 지속해 오고 있다. 저서로는 『리얼 노스 코리아』, 『북한 워크아웃』, 『The Dawn of Modern Korea』 등이 있다. 이들 저작 중에서 특히 2009년 발간한 『북한 워크아웃』은 남북통일에 관한 정책적 구상과 비전을 담은 걸작으로 통한다.

Q 1. 란코프 교수님, 반갑습니다. 우리 회사 사보에 초대하게 되어 영광입니다.

우선 교수님께서 간단한 자기소개를 해주시기 바랍니다. 기왕이면 북한학

을 전공하게 된 배경, 한국과의 인연 등에 대해서도 소개 바랍니다.

A 저는 초등학교 때부터 역사를 배우는 사람이 될 생각이 있었습니다. 중학교

때인 70년대 중반 소련과 중국 사이가 좋지 않아서, 중국에 대한 언론 보도

가 매우 많았고, 그래서 중국 역사에 대한 관심이 자연히 생겼습니다. 당시에

소련에서 남한이든지 북한이든지 관심의 대상인 국가가 결코 아니었습니다.

소련 사람들은 북한이 미친 스탈린주의 독재국가라고 생각했고, 남한은 친미

극우 독재국가라고 생각했던 것입니다. 저도 예외가 아니었습니다.

중국에 대한 관심 때문에 저는 1980년에 레닌그라드 국립대학의 중국역

사학과에 입학하고 열심히 공부하기 시작하였습니다. 하지만 얼마 후에 중국

을 전공하는 사람은 취업하는 데 있어서 문제가 있다는 것을 알게 되었습니

다. 소련 사람으로서 소련과 중국의 적대관계 때문에 일자리가 없어서 취업

하기가 어려웠던 것입니다. 그 때문에 학장님의 제안을 받았고, 그 때까지 별

로 알지 못했던 한국 역사를 배우기 시작했으며, 1984년에 북한으로 유학을

갔습니다. 그때부터 북한에 대한 관심이 많이 생겼습니다.

하우엔지니어링 사보는 건설엔지니어도 남북통일에 대한 희망과 함께, 통일에 대한 실체적 준비를
한다는 취지에서 특별 대담을 마련했다. 대담 주제는 '남북통일을 대비하여 북한의 건설인프라 분
야에는 어떤 준비가 필요한가(가제)'로 하고 대담 형식은 사보 편집인인 박원호 부사장이 란코프 교
수에게 질의하여 고견을 듣는 방식이다. 이 대담은 이메일로 이뤄졌다.

Q 2. 아시다시피 '한반도는 지구상 최후의 분단국'으로 불리기도 합니다. 우선 남북통일에 대한 예습하는 기분으로 교수님의 저작 『북한 워크아웃』을 언급 하고 넘어가는 게 좋겠습니다. 『북한 워크아웃』 발간한 이후, 상당한 반향이 있었다고 생각합니다. 6·25 전쟁을 경험하지 않은 젊은 세대들은 통일이 될 경우, 남쪽이 부담해야 할 '천문학적 통일 비용'을 언급하며 통일에 대해 상당 히 부정적인 쪽으로 기우는 경향이 있습니다.

이에 대해 교수님께서는 "남쪽 사람들은 통일 비용만 두려워하고, 왜 분단 비용에 대해서는 무시(?)하고 있느냐"라고 일갈하셨습니다. 이 점에서 대해서 다시 한번 간단히 설명해 주시면 좋겠습니다.

A 한국 사회에서 많은 사람들은 통일이 조만간 꼭 생길 일이라고 생각합니다. 저도 5년이나 10년 전까지 같은 생각이 있었습니다. 하지만 최근의 경향을 보면 의심이 점차 생기기 시작한 것이 사실입니다. 세월이 갈수록 분단이 영 구화될 가능성이 높아지는 징후가 있습니다.

우리는 한국이 이 세상에서 유일한 분단국가라고 할 때 남북한이 문화적으 로도, 언어적으로도 같은 근원을 가지고, 지금도 비슷하기 때문에 당연히 같 은 민족이라고 생각합니다. 그러나 세계 역사를 보면 언어와 문화가 비슷함 에도 불구하고 민족 정체성이 다를 수도 있고, 언어가 비슷한 국가들이 서로 같은 민족이라고 생각하지 않을 수도 있습니다. 남미 또는 중동의 아랍어 문 화권을 좋은 사례로 볼 수 있지만, 보다 더 좋은 사례는 독일어권입니다. 대부 분 사람들은 독일이 통일 국가라고 생각합니다. 이것은 사실이지만, 똑같은 독일 말을 쓰는 오스트리아나, 인구 대부분이 독일 말을 쓰는 스위스는 자신들을 서로 다른 민족으로 보고, 독일과 통일할 생각이 없습니다.

유감스럽게도 지난 10~15년 동안 남한 사회에서 통일에 대한 의심이 강해졌을 뿐만 아니라, 남북한이 서로 다른 민족의식, 즉 민족정체성이 생기기 시작한 징후가 보이게 되었습니다. 분단된 지 70년이 넘은 상황에서 이것은 당연한 일이라고 생각할 수도 있습니다. 예를 들면, 분단비용에 대한 우려도 이러한 사고방식과 직결된 것입니다. 남한 사람, 특히 남한의 젊은 사람들은 북한을 같은 민족으로 느끼지 않기 때문에 그들과의 연대성이 많이 없어졌고, 북한을 위해서 희생하고자 하는 분위기도 거의 없습니다.

이와 같은 사고방식을 막기 위한 방법은, 북한과의 통일비용뿐만 아니라 보이지 않는 분단비용에 대해 설명하는 것이 좋습니다. 분단비용은 남북한의 대립에 의해서 초래된 비생산적인 자원낭비를 뜻합니다. 예를 들면 국방 예산입니다. 물론 통일 이후에도 한국은 불가피하게 강력한 군대를 보유하지 않으면 안 됩니다. 동아시아는 아주 힘센 사람들이 많이 사는 마을이 아닐까요? 그래도 통일이 된다면, 지금보다는 국방비를 덜 사용할 수 있습니다. 국정원이든 외교부이든 이들 기관이 북한과 대립하거나 대처하기 위해서 쓰는 비용도 보이지 않는 분단비용이라고 생각하면 됩니다. 분단을 극복하지 못한다면 분단비용을 계속해서 내야 할 것입니다.

그러나 이와 같은 경제적인 논리는 장기적으로 말하면 설득력이 있을지 알 수 없습니다. 제일 큰 문제는 남북한이 공유한 민족정체성이 약화되는 문제입니다.

Q **3.** 다음으로 『북한 워크아웃』에서 특히 인상적이었던 내용입니다. 1980년대 동독에서는 매년 2만 명 정도가 서독으로 탈출을 했지만, 현재 북한에서는 매년 2~3천 명 정도가 남쪽으로 넘어온다.

1980년대 서독의 경제 사정과 2016년 대한민국의 경제 사정을 비교할 때, 대한민국은 서독에 비해 훨씬 더 수용(?) 능력이 있다고 하셨는데 이 점에 대해서도 부연 설명을 해주시면 좋겠습니다.

A 세계은행의 비교 통계를 보면, 지금 한국의 1인당 GDP는 1970년대 말 서독의 1인당 GDP보다 조금 높은 편입니다. 그러나 당시에 서독이 매년 20,000명 정도의 동독 사람들을 별 문제없이 받아들인 것과 달리, 한국에서는 제일 많이 들어올 때에도 3,000명에 불과했던 탈북자들에 대해 부담스럽게 생각하고, 탈북자 대책이 어렵다는 이야기가 많습니다. 그렇지만 경제의 절대적 규모를 보면 한국과 서독이 매우 비슷한 것을 볼 수 있습니다. 1970년대 말 서독의 인구는 6,000만 명 정도이니까, 현재 남한의 인구 5,000만보다는 많지만, 그리 큰 차이가 아닙니다. 그래도 서독은 수많은 탈동자(脫東者)들을 쉽게 수용했습니다. 이것을 감안하면, 남한이 보다 훨씬 더 많은 탈북자들을 수용할 수 있다는 것을 보여줍니다. 탈북자 수용의 장애물은 객관적으로 볼 때 경제적 이유라기보다는 문화적, 정치적 마찰이라고 생각합니다.

Q 4. 이제부터 본론으로 들어가겠습니다. 우선 북한의 건설인프라에 대한 교수님의 체험을 듣고 싶습니다. 현재까지도 북한의 도로포장율도 저조하고, 교량 수준도 너무 낙후되어 중량물을 실은 화물차가 통과하기 어렵다는 말을 들은 적이 있습니다. 또한 철도도 평균 시속 30km밖에 안 된다는 이야기를 들었습니다. 물론 교수님께서는 건설 전공은 아니지만 북한에서 유학하실 때, 체험하신 철도나 고속도로 사정을 소개해 주시면 고맙겠습니다.

A 저는 물론 전문가가 아니지만, 전문가가 아니더라도 북한 인프라의 상황이 매우 열악하다는 것을 쉽게 알 수 있습니다. 유감스럽게도, 통일 이후 북한 교통 인프라를 개량하는 것보다는 아예 새로 만들어야 한다고 생각합니다. 몇 년 전까지 가끔 증기 기관차가 보였던 북한 철도는 살아있는 철도역사 박물관과 다를 바가 없습니다. 흥미롭게도, 중국에서 한 여행사는 철도역사 팬들을 대상으로 하는 북한 투어 패키지를 만들어 비싸게 팔고 있습니다. 이유는 이 사람들이 철도 여행을 위해 북한을 간다면, 1930년대 철도기술이 아직 가동되고 있는 것을 자기 눈으로 볼 수 있기 때문입니다.

포장도로가 아직 거의 없다고 할 수 있습니다. 예를 들면 평양에서 신의주로 가는 길이 있는데, 비포장 부분이 아직 60km 정도 남아 있습니다. 이것은 남한에서 경부선을 이용할 때 대전까지 포장도로로 가다가, 대전에서 대구까지 비포장도로이고, 그 후에 다시 부산까지 포장도로로 간다는 이야기와 비슷합니다. 평양-신의주 간 도로는 북한 무역의 기본 루트라고 말할 수 있습니다. 그 때문에 통일 이후 제일 먼저 해결해야 하는 것은 인프라 개발입니다.

인프라 개발 없이 북한 경제를 복구하는 것은 사실상 불가능합니다. 물론 북한에서 현대식 교량도 거의 없고, 터널도 북한 인민군이 군사적인 목적으로 사용하는 터널이 거의 대부분입니다.

Q 5. 평양에 대해 궁금한 점이 많습니다. 제가 알기로는 북한의 수도 평양은 1950년대 후반, 동독 건축가들이 도시 설계를 했다고 들었습니다. 그래서 그런지 항공사진으로 보는 평양의 인상은 아주 여유로운 도시, 건축밀도가 낮은 아름다운 도시로 느껴집니다. 또한 광장이나 도로 등이 군사용 퍼레이드를 하기에 딱 알맞을 정도로 규모가 크게 느껴졌습니다.

일설에 의하면, 북한에는 소외된 지방과 그들만의 천국 '평양공화국'이 따로 존재한다는 말이 있습니다. 교수님께서 북한에서 체험한 평양에 대해 이야기해 주시겠습니까?

A 평양을 여유로운 도시, 건축 밀도가 낮은 도시로 볼 이유가 있습니다. 이것은 북한 정치 체제 때문에 가능합니다. 첫째로 북한 정권은 국내 이주를 엄격하게 통제하고 있기 때문에, 북한 사람들에게 평양 이주는 하늘에 별 따기입니다. 결국 광복 이후 인구가 15배나 늘어난 남한 수도권과 달리 북한에서는 평양 인구가 많이 증가할 수 없습니다. 뿐만 아니라 평양은 사람들을 위한 도시라기보다는 처음부터 국내외 선전을 위한 '전시용 도시'로 볼 수 있습니다. 특히 부동산 매매가 불가능한 상황에서 정부는 경제적인 요인을 무시할 수 있고, 일상생활의 편리성을 무시할 수도 있어서 멋있는 도시를 건설할 수 있었

습니다. 이것은 공산권 국가에서 국가의 장점 중에 하나입니다. 이들 국가는 수도를 멋있는 도시로 건설하려 많이 노력했습니다.

하지만 지난 10년 동안 북한이 많이 바뀌고 있습니다. 제일 중요한 것은 북한에서 2000년대 초부터 사실상 부동산 매매가 가능하게 되었고, 최근에 북한의 자발적인 시장화 때문에 생겨난 개인 투자자들이 주택건설에 많이 투자하고, 이익을 얻기 시작했습니다. 따라서 건축 밀도가 빠르게 높아지고 있습니다. 힘이 있는 기관은 인기있는 동네에서 건설 허가를 받고 개인 사업가들과 손을 잡아서, 건설을 하고 있습니다. 지난 10년 동안 북한 경제가 좋아지는 기미가 많이 보입니다. 그것들 중 하나는 평양의 건설 붐입니다.

그러나 중요한 것은 평양이 시골보다 잘 살지만, 시골에서도 이와 비슷한, 긍정적인 변화를 최근 볼 수 있습니다. 신의주이든 청진이든 지난 5~7년 전부터 건물을 짓고, 도시시설이 많이 발전하는 것을 볼 수 있습니다. 물론 북한은 여전히 평양공화국이라 할 수 있지만, 주택건설이 평양에서만 이루어진다고 생각하지 말아야 합니다.

Q 6. 저(박원호)는 약 십년 전쯤(2007) 금강산 관광과 개성 관광을 다녀온 적이 있습니다. 금강산 관광을 갔을 때만 해도 고립된 지역이라 북한 사람들을 만나기가 아주 어려웠습니다. 이후 개성 관광은 상당한 기대를 하고 갔지만 북한 주민들은 거의 볼 수 없어 매우 실망했습니다. 통일이 될 경우, 개성이 통합 수도로 개발될 가능성이 있다고 들었습니다. 교수님께서는 개성에 대해

어떤 생각을 갖고 계시는지, 통합 수도의 가능성에 대해서도 한말씀해주십시오.

Ⓐ 사실상 제가 부사장님과 같은 무렵에 금강산이나 개성에 갔을 때 놀랍게 본 것은 이들 지역이 생각만큼 엄격하게 고립되지 않았다는 것이었습니다. 제가 보니까 북한이 이만큼 어려운 경제상황이 아니었더라면, '남조선에서 온 사람'들을 고립시키기 위해서 훨씬 더 많은 돈을 투자했을 것입니다. 즉, 북한은 2000년대에 남한 관광객을 격리하기 위하여 한 조치보다 2배나 3배 이상으로 더 강력한 조치를 취했을 것입니다.

개성을 통일한국의 수도로 만드는 것은 좋은 아이디어라고 생각합니다. 개성은 고려 시대 수도였을 뿐만 아니라 서울과 평양 사이의 중간에 위치한 도시입니다. 뿐만 아니라 남북한의 경제력을 비교하면, 통일 후 북한은 경제적 약자가 될 수밖에 없습니다. 그 때문에 통일한국의 수도를 남한이 아니라 북한에 두는 것은 합리주의적인 선택이라고 생각됩니다. 북한의 경제 복구에 기여할 뿐만 아니라, 상징적으로 통일이라는 새로운 정치, 사회 현실을 보여주는 것이 될 수 있습니다.

Ⓠ 7. '고양이 목에 방울달기'라는 말이 있습니다. 남북통일 관련, 아무리 좋은 방책을 제의하더라도 상대방인 북한 김정은 정권이 화답을 안 해준다면 무슨 소용이 있겠습니까? 교수님께서 생각하시는 통일 방안을 마무리 삼아 말씀해 주시면 감사하겠습니다.

[A] 제가 이번에 남한에서 많은 사람들이 듣기 싫어하는 말씀을 드리고 싶습니다. 지금 국내외 상황을 고려하면, 통일을 이루는 방식은 독일 통일과 유사한 흡수통일 외에는 다른 대안이 전혀 보이지 않습니다. 저는 흡수통일을 하루 빨리 해야 한다는 이야기를 전혀 하지 않습니다. 흡수통일에 대한 공포감과 거부감의 근거가 충분히 있기 때문입니다. 그래도 대안이 없습니다.

한편 북한 정권은 단계적인 통일을 원할 이유가 아예 없습니다. 이와 같은 단계적인 통일이 제일 먼저 초래하는 것은 북한 국내 안전을 위협하는, 해외에 대한 지식의 확산뿐이기 때문입니다. 또한, 이러한 단계적인 통일은 불가피하게 북한 엘리트 계층의 통치력과 통제력을 약화시키는 정치 자유화를 초래할 것입니다. 바꾸어 말해서, 단계적 통일을 위한 준비 자체마저도 북한에서 매우 심각한 정치위기나 체제붕괴를 불러올 가능성이 매우 높습니다. 이 사실을 누구보다도 잘 아는 김정은과 그의 측근들은 그 때문에 단계적인 통일을 말로만 원한다고 합니다. 그들은 단계적인 통일을 사실상 집단자살과 별다를 바가 없다고 생각할 근거가 충분히 있습니다.

또한 북한에서 민주 혁명이 생길지도 알 수 없고, 생기더라도 언제 생길지 아는 방법이 없습니다. 이것을 감안하면 제일 합리적인 태도는 흡수통일의 시나리오를 준비하면서, 남북한의 평화 공존을 이루기 위해 노력하는 것입니다. 감사합니다.

북한 도시 관련 참고도서

본문에는 평양을 비롯한 10개 도시들을 소개했다. 도시들마다 도시의 입지에서부터 변천과 인프라의 현재와 잠재력 등을 중심으로 다루었다. 도시별 원고마다 마지막에는 참고도서를 명기하는 게 독자들에 대한 저자의 의무라고 생각한다. 하지만 2018년 '국토와 교통 저널' 연재 당시 잡지의 성격 상 참고도서들을 일일이 소개하지 못했다. 이를 보완하는 취지에서 대표적인 참고 도서들을 소개한다.

'책 한 권은 한 채의 건물과 같다.'

책 한 권에는 기초도 있고 골조(뼈대)도 있고, 내외부 장식(마감)도 있기 마련이다. 먼저 기초공사는 금강산관광과 개성관광이 계기가 되었다. 다음으로 골조공사는 북한 관련 논문과 책들을 참고하여 '북한 도시열전' 연재를 한 일이다.

골조가 완성된 다음에는 마감공사이다. 건물의 골조가 아무리 튼실하더라도 건물에 온기가 없다면 누가 살겠는가. 건물의 생동감을 불어넣는 데는 역시 인터넷 동영상 덕을 톡톡히 보았다. 물론 동영상 자료는 평양과 개성 관련이 절대 다수를 차지했지만, 기타 도시들에 대해서도 참고할만한 자료들은 있었다.

지면 관계상 참고한 논문들의 목록은 생략한다. 다만 논문 성격의 정보들 중에서 한국토지주택공사(토지주택연구원)의 '북한토지주택리뷰'가 큰 도움이 되었다. 다음으로 저자의 견고한 편견을 부수고 바꿔준 책들의 목록이다. 개인의 수기 성격은 배제했지만, 수기라도 평양에 관한 도시 분위기를 간접 체험하기에 적합한 책들은 포함시켰다.

유학생, 외교관, 탈북민 수기

『나는 20세기 이념의 유목민』(김현식 / 김영사 / 2007)

저자는 전직 평양사범대 노어 교수였다. 북한 로열패밀리의 가정교사에서 서울의 탈북자로, 그리고 미국 예일대학의 초빙교수로, 파란과 곡절의 현대사를 온몸으로 살고 있는 21세기 이념의 유목민, "내 육신은 파란과 곡절의 현대사, 젊은이들이여 나를 읽으라" 우리가 전혀 상상할 수 없었던 북한 사회와 교육 그리고 로열패밀리에 대한 비화가 흥미진진하다.

『나는 평양의 모니카입니다』(모니카 미시아스 / 예담 / 2013)

저자인 모니카는 적도기니 초대 대통령의 딸이었다. 자국의 쿠데타로 인해 졸지에 평양에서 16년간 망명생활을 했다. 그녀의 자전 에세이인 이 책에는 '아름다운 평양'에 대한 묘사가 넘쳐난다. 평양에서 초중고대 학창생활을 했고, 졸업 후 스페인과 뉴욕을 거쳐 서울, 그리고 모국인 적도기니에 이르기까지의 지난한 인생 여정을 담고 있다.

『선을 넘어 생각한다』(박한식 / 부키 / 2018)

부제는 '남과 북을 갈라놓는 12가지 편견에 관하여'이다. 저자는 1939년 만주 태생이다. 해방 무렵에 평양으로 건너와 피난민수용소 생활을 했고, 분단될 때, 남한으로 내려왔다. 서울대 정치학과 졸업 후 미국 유학 후 조지아대학교에서 국제관계학을 가르치는 교수가 되었다. 북·미관계의 비공식 통로 역할을 했던 경험들을 살려 북한의 여러 말과 행동들을 어떻게 이해하면 좋을지, 북한과 교류할 때 실용적 지침들과 평화 통일의 구체적 방안들도 제안하고 있다.

『3층 서기실의 암호』(태영호 / 기파랑 / 2018)

저자는 전 주영 북한대사관 공사 출신이다. 저자가 밝히는 평양 심장부 이야기가 흥미진진하다. 김정은은 누구이며 북한은 어떤 사회인가? 온 세계의 이목이 북한과 그 지도자 김정은에게 쏠리고 있는 지금,

북한 핵폐기냐, 한반도 비핵화냐에 관해 북한 당국의 전략을 들여다보는 느낌이 생생하다.

북한 전공학자 저서

『북한 워크아웃』(안드레이 란코프 / 시대정신 / 2009)

저자는 러시아 국적 북한학 전공 학자로 2019년 현재 국민대 교수이다. 이 책에는 남북한의 현대사를 결정하는 '분단'과 저자가 남북 양쪽에서 체험한 다양한 북한 문제를 다룬다. 저자는 1984~1985년 김일성종합대학교 조선어문학과에서 유학을 했다. 그때부터 25년간 북한을 연구하며 쓴 칼럼을 중심으로 이 책을 엮었다. 소련 공산주의의 몰락, 동유럽의 붕괴 등을 필두로, 한반도의 운명과 북한의 오늘과 내일을 전망하고 있다. 이 책에 실린 저자의 내공에 심취한 나머지 이메일 대담을 나눴고, 그 내용을 이 책에 실었다.

『도시화 이후의 도시』(임동우 / 북저널리즘 / 2018)

부제가 '사회주의 도시에서 미래를 찾다'이다. 우연한 기회에 2017년 서울도시건축비엔날레 도시전을 관람했다. 당시 주제가 〈평양살림〉이었고, 이 전시를 기획한 주인공이 이 책의 저자이다. 그때 이후, 임동우 교수의 저작들을 골라 읽었다. 그 덕분에 어지간히 평양과 사회주의 도시들에 대해 입체적이고 균형적인 관점이 생겼다고 해도 과언이 아니다. 이 책의 두께는 펭귄판 문고본보다 작지만 담긴 내용은 알차다. 『평양 그리고 평양 이후』, 『북한 도시 읽기』 등도 함께 읽으면 좋다.

『평양 그리고 평양 이후 - 평양 도시 공간에 대한 또 다른 시각』
(임동우 / 효형출판 / 2011)

'평양은 사회주의 국가 수도 중에서 가장 아름다운 도시이다' 이런 발언을 했다면 얼마 전까지만 해도 이적행위로 처벌받았을 것이다. 하지만 한때는 그런 평가를 받았다고 한다.

한국전쟁 당시 평양이 초토화된 이후, 더 이상의 수도(首都) 기능 수행은 불가능해 보였다. 공산진영의 다른 국가들은 새 땅에 새 수도를 건설하라고 제안했다. 그러나 김일성은 평양을 포기하지 않았다. 그는 당시 모스크바에서 유학 중이던 젊은 건축가 김정희에게 평양 재건 계획 수립을 요청했고, 그 계획은 '1953년 평양 마스터플랜'으로 태어났다.

이 책에는 도시 평양이 어떻게 사회주의 도시의 새로운 모델로 부상했는지, 북한의 이념과 체제를 상징하는 도시로 건설되었는지 그 과정을 소상하게 파헤치고 있다. 물론 최근의 평양의 변신과 함께 미래 평양이 어떻게 변할 것인가에 대해서도 전망하고 있다.

『풍류의 류경 공원의 평양』(이선 / 효형출판 / 2018)

'다른 도시에는 도시 속에 공원이 있지만 싱가포르에는 공원 속에 도시가 있다.'

도시 공원에 대해 언급할 때마다 으레 소개하는 말이 바로 이 말이다. 하지만 싱가포르 말고 평양도 싱가포르에 버금가는 공원 속의 도시라는 사실! 인정하기 싫지만 이 책을 읽어보면 절로 고개를 끄덕이게 한다. 저자는 다음과 같이 주장한다.

우리가 몰랐던 평양의 또 다른 얼굴, 공원을 말하다. 과거 천하제일 강산이자 현재 조선민주주의인민공화국의 수도인 이 도시의 녹지 면적이 서울과 경제협력개발기구(OECD)의 2배 이상이라는 사실을 알고 있는가? 한국전쟁 후 초토화된 평양 도시 재건 계획의 일환이었던 녹화 사업과 녹지 조성 과정에서 탄생한 평양의 공원은 유원지, 또는 유희장으로 불린다.

저자는 조경 전문가로서 평양의 조경 요소와 풍광에 대해 소개한다. 방대한 자료와 전문가적 식견 앞에 놀라다 보면 어느새 평양과 그 대척점에 있는 서울이 절로 비교가 된다. 평양에 대한 오해와 편견을 단숨에 부수어준 책이라 해도 과언이 아니다.

『평양 2050 : 미래공간 PYONGYANG 2050』

(애니 페드렛 / 도시출판 담디 / 2018)

　지금으로부터 30년 혹은 35년이 지난 후, 평양은 어떻게 변해있을까? 물론 그때는 남북통일이 된 상태를 전제로 한다. 이 책은 통일 이후의 평양에 대해 상상, 또한 통일 과정에서 평양은 어떤 변화를 겪을 것인가를 상상해 볼 수 있는 책이다. 한국인도 아닌 외국인이 평양을 화두로 전문연구서를 펴냈다는 사실이 놀랍기 그지없다.

　이 책은 7개의 프로젝트들을 제시하고 있다. 2050년 통일된 한국의 도시 평양에서 나타날 수 있는 다양한 형태들이다. 건축 또는 도시를 전공하는 전문가들에게 평양에 대한 입체적인 안목을 제공하는 놀라운 책이다.

북한 도시 개발 및 연구

『동독 도편수 레셀의 추억』(백승종 / 효형출판 / 2000)

　이 책을 읽기 전에는 까맣게 몰랐다. 6·25 전쟁 이후, 북한 주요도시들의 재건에 동독 기술자들이 참여했다는 사실을 말이다. 이 책은 6·25 전쟁 이후, 함경남도 내 주요 도시의 재건사업에 앞장섰던 동독 도편수 러셀이 남긴 사진들이 주인공이다. 이들 사진에 대해 백승종 교수가 해설을 한 내용으로 50년대의 북녘, 북녘 사람들의 생활모습을 담은 사진 자료집이다. 백 마디 말보다 글보다 사진 한 장이 당시 건설

기술을 상상하는 데 결정적인 도움을 준다. 개성을 비롯해, 판문점, 평양, 개마고원, 함흥, 흥남, 홍원, 신포까지를 아우른 250장의 사진을 수록해 놓았다.

레셀은 1956년 동독공산당의 명령으로 '북한건설단'에 배속되어 함흥과 흥남시의 도시계획 팀장으로 일했다. 전후 복구사업의 지원이 주된 임무였던 그는 함흥, 흥남, 신포 등 주요 도시의 재건사업에 앞장섰으며, 한국인 전문가 양성에도 힘썼다고 한다.

『동쪽을 넘어 서쪽으로 온 사람』(신동삼 / 코람데오 / 2012)

저자 신동삼은 북한 출신 건축가이다. 1950년대 후반 동독 유학 중에 서독으로 탈북한 사람이다. 그 이후 독일에서 보낸 60년, 저자의 회고담은 6·25 전쟁으로 폐허가 된 북한의 도시들에 대한 동독 기술자들의 지원과 동독과의 교류 등에 대한 소상한 정보를 담고 있다. 바로 위에 소개한 동독 도편수 레셀의 이야기도 그 바탕을 같이 하고 있는 책이다. 이 책 이후, 저자가 발간한 또 한 권의 책『신동삼 콜렉션』도 강추! 한다. 이 책은 전후 복구사업에 참여했던 동독 기술자들을 수소문하여 방대한 사진 자료들을 모은 책이다.

『조선 레볼루션』(주성하 / 서울셀렉션 / 2018)

부제는 '북한 2029 4차 산업혁명 시대의 통일'이다.

저자는 남북한 체제를 두루 경험한 북한 전문 기자이다. 역시 기자가 쓴 글이라 명쾌하다. 군더더기도 없고 시의적절하다. 저자는 제자리걸음 같은 통일 논의 말고 통일에 대한 여건, 그 여건을 성숙시키기위한 준비를 주장하고 있다.

저자는 이런 역발상을 바탕으로 북한과 4차 산업혁명 시대의 화두들을 결합한다. 스마트 메가시티, 스마트 국가 북한의 청사진을 제시한다. 북한과 4차 산업혁명, 이 음과 양 같은 이질적인 요소들을 융합시켜 한반도의 미래를 밝히자고 한다. 말 그대로 조선 레볼루션이다. 그 연장선에 있는 책이 『평양 자본주의 백과전서』이다. 막연했던 통일논의에 방점을 찍는 느낌이다.

『서울 평양 메가시티』(민경태 / 미래의 창 / 2014)

부제는 '한반도 메가수도권 전략으로 보는 한국경제 생존의 길'이다.

서울은 천만 명의 도시, 평양은 3백만의 도시이다. 유럽의 도시들에 비하면, 평양 역시 거대 도시나 다름없다. 하지만 한반도가 통일이 된다면, 서울과 평양은 반나절 생활권이다. 물론 경제권도 하나로 통합될 것이다. 당장은 막연해도 통일시대를 생각하면 지극히 당연한 전망이다.

『서울 평양 메가시티』는 발상 전환의 책이다. 서울과 평양이 소위 메가로폴리스로 변할 수 있다면 전망을 담고 있다. 과연 우리가 북한

의 잠재력을 어떻게 활용할 수 있을까, 그 고민에 대한 해결책을 찾아
보고자 집필된 책이다. 길이 열리면 시장도 열린다! 경제적인 논점에
서 남북통합의 길, '서울-평양 메가수도권'이라는 획기적인 컨셉을 통
해 한반도가 유라시아의 중심이 되는 전망을 제시하고 있다. 우연한
기회에 저자의 특강을 들을 기회가 있었는데 책의 내용보다 한층 진전
된 내용이었다. 다시 말해 저자는 자신의 당초 구상에다 세부적인 사
항을 속속 채워하는 중으로 보였다. 만약 당신이 한반도의 통일시대에
관심이 있다면 이 책을 반드시 섭렵하고 넘어가야 한다.

『북한은 처음이지? -지도와 함께 보는 핵잼 북한 가이드북』
(김정한 / 라이스메이커 / 2018)

　북한 대표 도시 13개에 대한 가이드북! 개성에서 라선까지, 해주부
터 청진까지 북한을 대표하는 13개 도시를 단시간에 휘리릭! 훑어보
기에 딱! 좋다. 특히 도판과 그래프, 통계 자료 등으로 영상매체에 익
숙한 청소년들도 이해가 쉽도록 꾸며놓았다. 책 소개를 인용하면 다음
과 같다.

　1장에서는 황해남도부터 함경북도까지 북한 9도의 위치와 간단한
지역 정보를 알아본다. 이어지는 2장에서는 평양직할시를 비롯하여
남포, 라선, 개성 등 특별히 관리되는 지역과 9도의 도청소재지를 차례
로 소개한다. 각 목차의 첫 부분에는 해당 도시의 위치를 알 수 있는 지

도와 함께 인구와 면적, 기후, 대표 산업 등을 한눈에 볼 수 있는 인포그래픽 페이지를 구성했고, 그 뒤로 주요 명소가 표기된 도시 지도, 그리고 '이 도시가 어떤 곳인지' 포인트만 콕콕 집은 개요글을 담아 북한과 그곳 사람들의 모습을 조금 더 이해할 수 있도록 도와준다.

미디어 영상 자료

유튜브 세상은 제약이 없다. 평양에 관한 최근 동영상도 얼마든지 찾아볼 수 있다. 동영상의 제공자는 다양하다. 북한을 관광했던 외국인, 북한 내부의 첩보원(?), 또한 북 '조선의 오늘', '조선중앙TV'와 같이 한 당국에서 홍보를 위해 제공한 것도 많다. 원산 갈마지구 국제관광특구에 대한 정보는 '조선의 오늘'이 제공했다. '명사십리가 들끓는다'는 홍보 동영상에는 명사십리에 대규모 진행 중인 5성급 호텔 공사에 대한 상세한 정보를 볼 수 있었다.

또 하나가 생각난다. 국경도시 혜산의 장마당에 대한 정보이다. '갈렙선교회'의 현지 첩보원(?)이 몰래카메라로 찍어 제공한 것이었다.

마지막으로 북한에 대한 생활상에 대한 정보는 공영방송의 다양한 채널을 통해서였다. 예컨대, 남북의 창(KBS), 모란봉클럽(TV조선), 이제 만나러 갑니다(채널A) 등이다.

북한 관련 주요 인프라 연대기

1905 경의선 철도 준공

1911 압록강철교 준공

1912 부산-장춘간 직통열차 운행 개시

1941 수풍발전소 만주 송전 개시

　　　평양-원산 철도 개통

1946 김일성종합대학 개교

1948 김책공업종합대학 개교

1954 김일성광장 준공(모스크바 붉은광장 모델)

1959 평양국제공항 평양-모스크바 노선 개설

1962 무궤도전차 운행

1971 대동강 하저터널 공사 중 붕괴 참사

1973 지하철 1호선(천리마선) 개통

1978 지하철 2호선 혁명선 개통

1982 주체사상탑 준공(김일성 탄생 70주년)

　　　평양 개선문 준공

1983 충성의 다리(대동강 6호 교량)

　　　(기존 -청류교, 옥류교, 릉라교, 대동교, 양각교)

1984 만수대의사당 준공

1985 평양고려호텔 준공

1986 서해(남포) 갑문 준공

1987 지하철 3호선 만경대선 개통

　　　류경호텔 공사 착공(105층)

1988 동평양대극장

1989 릉라도 5.1경기장(1989 세계청년학생축전)

1994 김일성 사망

1995 금수산태양궁전 준공

2000 개성공단 착공

2000 청년영웅도로(평양-남포 42km) 개통.

2003 개성공단 지정

2011 김정일 사망

2015 미래과학자거리

2016 개성공단 중단, 철수

　　　려명거리(신도시/70층 빌딩)

2018 1차 남북정상회담(2, 3차)

진정한 도시의 힘은 사람에게서 나온다!
-에드워드 글레이저

뿌리 없는 꽃이 어디 있으랴?

뿌리 없는 나무가 어디 있으랴?

도시는 인류문명의 꽃이라 한다. 하지만 그 꽃을 피운 뿌리가 왜 없겠는가? 도시를 꽃이라 하면 그 꽃을 떠받치고 있는 뿌리는 인프라, 즉 도시기반시설이다. 도시기반시설은 나무의 뿌리처럼 지상으로 드러나지 않는다. 그런 점에서 도시도 '빙산의 일각'을 닮았다. 도시에는 겉으로 드러나지 않는 부분이 많다. 지하철, 상하수도, 전기통신, 가스배관 등등. 이들은 눈에 쉽게 띄지 않지만 도시를 움직이는 신경망처럼 중요하다.

또한 도시는 하루아침에 세워진 게 아니다. 신도시가 아닐진대, 그 도시의 오늘이 있기까지 장구한 세월의 켜가 켜켜이 쌓여있다. 세월의 켜가 쌓여있는 곳으로 그 도시의 문화유산을 들 수 있다. 이들 문화유산은 그 도시에 살던 사람들이 만든 건축물이 대다수다. 누군가 건축문화재를 일러 '시대를 담는 그릇'에 비유했듯이, 건축문화재를 통해 역사와 전통을 이해할 수 있다.

다음으로 도시의 입지조건, 즉 지리적 배경과 환경적 배경도 중요하다. 한 도시의 성장 잠재력을 가늠하기 위해 입지조건만큼 중요한 건 없다. '가까이 보는 것'도 중요하지만 입지조건을 파악하는 데는 가까이 보는 것보다 멀찌감치 보는 것도 중요하다. 산이 어떻게 생겼는지를 알려면 산 속에 있어서는 불가능한 법이다. 다시 말해 그 도시의 입지조건을 파악하는 데는 지도보다 위성사진이 더 낫다. 도시를 둘러싸고 있는 강이나 산이나 바다는 구글어스를 통해 보는 게 훨씬 더 실감이 난다.

도시를 입체적으로 이해하는 방법은 세 가지 요소를 들 수 있다. 도시의 입지조건, 도시기반시설, 도시의 역사와 전통문화를 들 수 있다. 불가피한 이유로 그 도시를 탐방하지 못했더라도 이 세 가지를 제대로 파악한다면 그 도시의 성장 잠재력을 가늠할 수 있다.

내가 겁(?)도 없이 이 책을 집필했던 배경이기도 하다. 물론 북한 관련 언론보도와 선행연구자들의 저작들, 숱한 탈북민 수기들로부터도 많은 도움을 받았다. "내가 멀리 볼 수 있었던 것은 거인의 어깨 위에 오를 수 있었던 덕분이다"라는 뉴턴의 말처럼 이들 자료들이 나에겐

'거인의 어깨' 역할을 톡톡히 한 거나 진배없다.

사람들은 꽃을 좋아한다. 벌과 나비가 꽃을 찾아오듯, 사람들은 도시로 몰려든다. 에드워드 글레이저의 걸작,『도시의 승리』에서 말했듯, 인류문명은 앞으로도 도시 중심으로 발전할 것이다. 특히 남한에 비해 산업화가 한참 뒤쳐진 북한의 경우, 향후 발전 가능성은 도시 중심으로 펼쳐질 것이다. 신도시보다는 기존 도시 중심으로 말이다.

사람들은 꽃은 좋아하지만 꽃의 뿌리에는 별 관심이 없다. 하지만 건설 엔지니어 입장에서는 다르다. 겉으로 드러난 꽃보다 그 뿌리에 더욱 관심이 가는 법이다. 뿌리가 튼실할수록 보다 아름다운 꽃을 피우기 때문이다. 내가 북한의 10개 도시의 인프라에 주목한 이유도 이와 다르지 않다.

조속히 남북경협이 재개되어 조만간 북녘 도시들을 탐방할 그날을 그리며 이만……

저자 드림